환율결정, 어떻게 이루어지나?

환율결정, 어떻게 이루어지나?

어 윤 봉 著

한국학술정보[주]

책 머리에

 1970년대 초반 세계 주요 선진국이 변동 환율제도를 채택한 이후, 1980년대부터 금융자유화가 세계적인 추세로 확산됨에 따라 각국 금융시장 간의 상호의존성이 심화되고 있다. 이와 같은 일련의 변화로 외환의 자유로운 취득과 처분을 허용하는 외환자유화, 그리고 대외 자본거래에 대한 규제를 완화·철폐하여 국가 간의 자본이동이 자유롭게 이루어질 수 있도록 하는 자본자유화가 본격화됨으로써 국내외 금융시장의 결합이 가속화되고 있다.

 우리나라의 금융시장 개방은 1967년 외국은행의 국내진입이 허용된 이래 점차 확대되어 왔으나 1980년대 전반까지는 그 폭이 매우 제한적이었다. 1980년대 후반 이후 경제규모 확대 및 구조고도화, 경제전반의 자유화·개방화 추세, 선진국의 시장개방 압력 등을 배경으로 자본자유화를 보다 적극적으로 추진하여 왔다. 그러나 금융 및 외환자유화와 연계된 자본자유화가 연도별 계획을 토대로 체계적·본격적으로 추진된 것은 1990년대 이후라고 할 수 있다.

 한편, 우리나라의 환율제도는 초기의 고정 환율제도(1946. 10-1964. 5), 단일변동 환율제도(1964. 5-1980. 2), 그리고 복수통화바스켓 환율제도(1980. 3-1990. 2)를 거쳐 시장평균 환율제도(1990. 3 이후)로 이행되었다.

 이러한 가운데 1997년 외환위기가 발생함에 따라 IMF 와의 협약에 의하여, 외자유입 및 시장 확대를 목적으로 OECD 가입 시 유보하였던 단기금융시장 및 채권시장 개방을 포함하여 대부분의 자본거래를 자유화하였다. 또한 시장평균 환율제도하에서 시행되었던 원화 환율의 일일변동 제한폭을 폐지함으로써 자유변동 환율제도로 전환하기에 이르렀다.

세계경제의 국제화 추세가 가속화되고 있는 가운데 이와 같은 자본자유화와 외환자유화는 환율의 변동성(volatility)을 증가시킬 것이다. 또한 통신수단과 결제수단의 발달은 국가 간의 대량 자본의 신속한 이동을 가능하게 하였으며, 순간순간마다의 상황변화에 따라 발생하는 환차익을 노린 국제적 투기성 자본(hot money)의 이동도 환율의 변동성을 증대시킬 것이다.

그리고 자본자유화 및 외환자유화가 급속히 진전되면서 환율과 물가, 통화량, 이자율, 국민소득, 인플레이션, 그리고 국제수지(경상수지, 자본수지) 등 거시경제변수 간의 상호연계성이 더욱 심화될 뿐만 아니라 환율과 거시경제변수 간의 상충관계(trade-off)가 부각되는 등 거시경제 정책운용의 어려움이 가중될 것으로 예상된다. 특히, 1990년대 이후 급속히 증가하고 있는 금융부문과 관련된 자본유입은 실물부문의 움직임과는 무관하게 환율과 통화량 등 거시경제변수에 영향을 준다는 점에서 심각한 문제를 야기할 수 있다.

따라서 필자는 이와 같은 원/달러화 환율과 원/엔화 환율의 환율제도에 따른 기간분석을 통하여 환율제도의 변화가 환율의 변동 및 결정 메카니즘에 구조적 변화를 초래하였는가의 여부를 규명하고자 하였다. 나아가 각 환율제도하에서 환율과 거시경제변수 간의 전체적인 연계관계 및 환율이 결정되는 메카니즘을 명시적으로 규명하고 그 특성을 비교·분석하고자 하였다.

그러나 필자의 의도가 아무리 의욕적이라고 하더라도 역부족으로 인하여 미진한 부분이 있게 마련이다. 이에 대해서는 향후에 보완될 기회가 있으리라 믿는다.

모든 책들이 그러하듯이 이 책이 출간되기까지는 많은 분들의 도움이 있었다. 먼저 필자의 학위논문을 지도해 주신 충남대학교 권택성 교수님, 손명환 교수님, 홍성표 교수님께 깊이 감사드린다. 그리고 본서를 집필하는 동안 여러 가지 어려움을 참고 묵묵히 따라준 아내와 사랑스런 혜선, 진선, 준선에게 고마운 마음을 전한다.

2005년 7월

어 윤 봉

목 차

<표 목차>

<그림 목차>

기 호 표

본 논문에 사용되는 기호는 다음과 같이 정의된다.

S, s : 자국통화로 표시된 환율, S의 자연대수

q : 실질환율

Δs^e : 기대된 자국통화의 가치하락율(기대된 환율의 상승율)

Ψ : 환위험프리미엄

M, m : 통화량, M의 자연대수

Π : 통화증가율

i : 이자율

P, p : 물가수준, P의 자연대수

π : 기대된 인플레이션율

Y, y : 실질소득, Y의 자연대수

ϕ : 화폐수요의 소득탄력성,

λ : 화폐수요의 이자율準탄력성

W : 부

$CA,\ ca,\ \overline{CA}$: 성상수지, CA의 자연대수, 기대되지 않은 CA의 변화

$\widetilde{X}, X$: 경상수지에 영향을 주는 일시적인 요인 및 영구적인 요인

B, b : 국내채권의 순공급($\equiv \sum_{j=1} B_j$), B의 자연대수

F, f : 외국채권의 순공급($\equiv \sum_{j=1} F_j$), F의 자연대수

I : 중앙은행의 자국채권 공개시장 매입

B, b, F, f 변수의 하첨자 H, F, j : 각각 자국인 보유, 외국
　　　　인 보유, 개인 투자자 j의 보유를 의미한다.

^(hat) : 변수 상단의 ^(hat) 표시는 해당 변수의 변화율을 의
　　　미한다.

-(bar) : 변수 상단의 -(bar) 표시는 해당 변수의 장기(균형)
　　　값을 의미한다.

*(star) : 변수의 *(star) 표시는 외국 변수을 의미한다.

제1장 서 론

제1절 연구의 목적

1970년대 초반 세계 주요 선진국이 변동 환율제도를 채택한 이후, 1980년대부터 금융자유화가 세계적인 추세로 확산됨에 따라 각국 금융시장 간의 상호의존성이 심화되고 있다. 이와 같은 일련의 변화로 외환의 자유로운 취득과 처분을 허용하는 외환자유화, 그리고 대외 자본거래에 대한 규제를 완화·철폐하여 국가 간의 자본이동이 자유롭게 이루어질 수 있도록 하는 자본자유화[1]가 본격화됨으로써 국내외 금융시장의 결합이 가속화되고 있다.

우리나라의 금융시장 개방은 1967년 외국은행의 국내진입이 허용된 이래 점차 확대되어 왔으나 1980년대 전반까지는 그 폭이 매우 제한적이었다. 1980년대 후반 이후 경제규모 확대 및 구조고도화, 경제전반의 자유화·개방화 추세, 선진국의 시장개방 압력 등을 배경으로 자본자유화를 보다 적극적으로 추진하여 왔다. 그러나 금융 및 외환자유화와 연계된 자본자유화가 연도별 계획을 토대로 체계적·본격적으로 추진된 것은 1990년대 이후라고 할 수 있다.

---

1) 광의의 자본자유화란 주식시장, 채권시장, 단기금융시장 등으로의 시장개방과 자본거래의 범위가 확대되는 것을 의미한다.

한편, 우리나라의 환율제도는 초기의 고정 환율제도(1946. 10-1964. 5),[2] 단일변동 환율제도(1964. 5-1980. 2), 그리고 복수통화바스켓 환율제도(1980. 3-1990. 2)를 거쳐 시장평균 환율제도(1990. 3 이후)로 이행되었다.

종전의 복수통화바스켓 환율제도하에서는 기본적으로 페그 통화의 다양화로 환율의 안정적 변동을 기대할 수 있었다. 그럼에도 불구하고 원화 환율이 국내외환시장에서 외환의 수급사정과는 관계없이 국제외환시장에서의 주요 통화시세에 연동되어 결정됨에 따라 국내경제의 기초적 여건(fundamentals)을 제대로 반영하지 못할 뿐만 아니라 원화 환율의 결정에 있어서 외환당국의 자의적인 개입을 배제할 수 없다는 문제가 존재하였다.[3] 또한 우리나라의 대외거래 규모가 확대되고 주요 교역국과의 통상마찰도 고조됨에 따라[4] 원화 환율의 결정에

---

2) 공정 환율제도라고도 한다.
3) 복수통화바스켓 환율제도하에서 원화의 대미달러화 환율은 다음과 같이 결정된다.
   원/달러화 환율 $= \beta$(SDR바스켓)$+ (1-\beta)$(독자바스켓)$+ \alpha$
   그런데 β, α(내외 금리차이 등을 고려한 실세반영장치) 및 기타 환율에 관한 중요정책 및 운용은 재무부장관과 한국은행 총재가 협의하여 결정하였을 뿐만 아니라 독자바스켓의 구성내용과 가중치가 대외적으로 공표되지 않았기 때문에 환율결정에 대한 자의성을 배제할 수 없었다. 그리고 달러화 이외의 기타 통화에 대한 원화 환율은 국제외환시장에서 결정되는 해당 통화의 대미달러화 환율로 재정하여 결정되었다.
4) 우리나라는 1980년 초부터 무역수지가 점차 개선되어 1986년 처음으로 무역흑자를 기록하였으며 이러한 무역흑자는 1989년 말까지 계속되었다. 반면에 미국은 급속적인 무역적자를 시현하였다. 미국은 무역적자를 줄일 조치로서 무역흑자국들에 시장개방 압력을 가하기 시작하였고 그러한 노력의 일환으로서

있어서 외환당국의 자의적인 개입을 배제하는 동시에 제한적이나마 외환시장에서 외환의 수급에 따라 결정되도록 하기 위하여 시장평균 환율제도로 이행하게 되었다.[5]

이러한 가운데 1997년 외환위기가 발생함에 따라 IMF(International Monetary Fund; 국제통화기금)와의 협약에 의하여, 외자유입 및 시장 확대를 목적으로 OECD(Organization for Economic Cooperation and Development; 경제협력개발기구) 가입 시 유보하였던 단기금융시장 및 채권시장 개방을 포함하여 대부분의 자본거래를 자유화하였다.[6] 또한 시장평균 환율제도하에서 시행되었던 원화 환율의 일일변동 제한폭을 폐지함으로써 자유변동 환율제도로 전환하기에 이르렀다.[7]

세계경제의 국제화 추세가 가속화되고 있는 가운데 이와

미국의 재무성은 한국을 외환조작국가로 낙인을 찍었고 원/달러화 환율을 자유화할 것을 요구했다.(정문현, 1996)
5) 시장평균 환율제도는 자유변동 환율제도의 이행을 위한 준비단계로서, 시장평균 환율제도하에서 원화의 대미달러화 환율은 전일자에 이루어진 모든 외국환은행의 은행 간 거래 환율을 거래량으로 가중 평균하여 결정된다. 그리고 미 달러화 이외의 주요국 통화에 대한 원화의 매매 기준율은 주요 국제외환시장에서의 해당 통화와 미 달러화 간의 매매 중간율을 원화의 대미 달러 환율로 재정하여 결정하고 있다. 따라서 달러화 이외의 엔화를 비롯한 기타 통화에 대한 원화 환율이 수동적으로 결정됨으로써 실세반영이 미흡하다는 단점을 가지고 있다.
6) 1990년대 이후 자본자유화 추진현황은 오호일과 박상원(1997) 참조.
7) 시장평균 환율제도는 일정범위 내에서 외환시장에서 외환의 수급에 의해 환율이 결정되지만, 매매 기준율 제도가 유지되고 통화당국이 수시로 외환시장에 개입하는 것이 허용된다는 의미에서 완전한 자유변동 환율제도와는 차이가 있다.

20

같은 자본자유화와 외환자유화는 환율의 변동성(volatility)을
증가시킬 것이다. 또한 통신수단과 결제수단의 발달은 국가
간의 대량 자본의 신속한 이동을 가능하게 하였으며, 순간순
간마다의 상황변화에 따라 발생하는 환차익을 노린 국제적
투기성 자본(hot money)의 이동도 환율의 변동성을 증대시
킬 것이다. 더구나 시장평균 환율제도하에서 원화 환율의 일
일변동 제한폭이 폐지되어 시장교란요인이 환율에 직접적인
영향을 미치게 됨으로써, 이러한 환율의 변동성은 더한층 증
가될 것으로 예상된다.

  그리고 자본자유화 및 외환자유화가 급속히 진전되면서 환
율과 물가, 통화량, 이자율, 국민소득, 인플레이션, 그리고 국
제수지(경상수지, 자본수지) 등 거시경제변수 간의 상호연계
성이 더욱 심화될 뿐만 아니라 환율과 거시경제변수 간의 상
충관계(trade-off)가 부각되는 등 거시경제 정책운용의 어려
움이 가중될 것으로 예상된다. 즉, 자본자유화가 급속히 진전
되면서 외자의 유출입 규모와 변동성이 크게 확대될 것으로
예상됨으로 경제여건이 미비한 상황하에서 경제의 교란요인
으로 작용할 가능성이 높다. 특히, 1990년대 이후 급속히 증
가하고 있는 금융부문과 관련된 자본유입[8]은 실물부문의 움
직임과는 무관하게 환율과 통화량 등 거시경제변수에 영향을
준다는 점에서 심각한 문제를 야기할 수 있다.

  이와 같이 자본자유화와 외환자유화로 인하여 환율과 거시
경제변수 간의 상호연계성이 제고됨에 따라, 환율의 시장경

---

  8) 김규환(1994) 참조.

제 메카니즘의 매개변수 기능이 더욱 강화되고 있다. 또한 자유변동 환율제도로 이행함에 따라 적정 환율수준의 유지가 주요한 정책목표로 설정되었던 고정 환율제도하에서와는 달리, 환율의 자원배분의 기능이 중시됨으로써 환율수준 자체보다는 환율결정 메카니즘에 더 큰 관심이 집중되고 있다. (차철호, 1992)

따라서 국가 간 경제교류의 매개변수인 환율의 변동성 증가와 아울러 환율과 물가, 통화량, 이자율, 국민소득, 그리고 국제수지(경상수지와 자본수지) 등 거시경제변수와의 관계가 강화됨에 따라 환율의 변동 및 환율의 결정 메카니즘을 명확하게 규명하는 것은 거시경제적 측면뿐만 아니라 미시경제적 측면에서도 매우 중요한 문제로 부각되고 있다. 이에 따라 환율결정에 대한 올바른 이해는 거시경제의 틀을 분석하는 데 필수 불가결한 요인이 되었다.

한편, 세계 주요 선진국이 변동 환율제도를 채택한 이후, 활발해진 국가 간의 자본이동,[9] 그리고 환율의 변동성 증가와 더불어 환율과 거시경제변수 간의 연계성이 증대됨에 따라 환율변동의 원인을 규명하기 위하여 환율결정에 대한 많은 이론적·실증적 연구가 이루어져 왔다.[10] 일반적으로 환

---

9) 국가 간 자본이동은 주로 경상수지 불균형의 조정, 투자수익 증대 및 위험분산 등의 동기에 의해 발생하며 이외에도 기술습득, 무역장벽 극복, 원자재 및 현지판로 확보 등을 위해 이루어지기도 한다.(오호일과 박상원, 1997)
10) 최근에 와서 환율의 변동성이 급격히 증가함에 따라 환율이 거시경제적 변수에 의해 결정된다는 주장에 대해 회의적인 시각까지 대두되고 있다.[Rose(1994)]

율결정이론은 1970년대 이후, 종전의 경상거래를 중시하는 전통적 플로우 접근방법(flow approach)으로부터 금융시장의 스톡(stock)균형을 중시하는 현대적 자산시장 접근방법(asset market approach)으로 발전되어 왔다.

본 연구에서는 현대적 자산시장 접근방법을 중심으로 환율결정에 대한 이론적 고찰과 아울러 복수통화바스켓 환율제도로부터 시장평균 환율제도로의 이행에 따른 환율의 변동성, 환율과 거시경제변수의 안정성, 환율과 거시경제변수 사이의 장기적 균형관계, 그리고 환율과 거시경제변수 간의 인과관계를 밝히고자 한다.

그리고 이러한 실증분석을 통하여 환율제도의 변화가 환율의 변동성, 환율과 거시경제변수 간의 연계관계 및 환율이 결정되는 메카니즘에 구조적 변화를 초래하였는가의 여부를 규명하고자 한다. 아울러 각 환율제도하에서 그 특성을 비교·분석함으로써 환율결정 메카니즘에 대한 정보를 제시하고 환율정책운용에 대한 바람직한 방향을 모색하고자 한다.

제2절 연구방법 및 논문의 구성

이 책의 연구방법은 환율결정 접근방법에 대한 이론적 고찰과 실증분석을 병행한다. 먼저 환율결정에 대한 제 이론의 고찰을 통하여 환율결정 접근방법에 따른 환율결정의 메카니즘 및 환율과 거시경제변수 간의 관계를 비교·분석한다. 그리고 이와 관련된 기존의 실증분석결과를 검토한 후, 이들이 갖는 방법상의 문제점을 제시한다.

다음으로 이론적 분석을 바탕으로 환율결정 모형을 설정한 후, 환율결정 모형 및 환율과 개별 거시경제변수에 대한 실증분석을 수행한다. 실증분석과 관련된 본 연구의 분석초점은 다음과 같다.

먼저 본 연구의 분석대상 기간은 우리나라의 환율제도가 복수통화바스켓 환율제도로 이행한 1980년 3월부터 1997년 말 외환위기를 계기로 원/달러화 환율이 급격히 상승하기 직전인 1997년 10월까지이다. 전체 표본 기간(1980. 3-1997. 10)에 대한 분석과 아울러 이 기간을 다시 복수통화바스켓 환율제도 기간(1980. 3-1990. 2)과 시장평균 환율제도 기간(1990. 3-1997. 10)으로 세분하여 분석한다.

그리고 우리나라의 무역구조가 미국과 일본에 편중되어 있는 점을 고려하여 원/달러화 환율에 대한 분석과 아울러 재정 환율(arbitrage rate)로 결정되는 원/엔화 환율에 대한 분석을 병행한다.

이와 같은 원/달러화 환율과 원/엔화 환율의 환율제도에 따른 기간분석을 통하여 환율제도의 변화가 환율의 변동 및 결정 메카니즘에 구조적 변화를 초래하였는가의 여부를 규명하고자 한다. 나아가 각 환율제도하에서 환율과 거시경제변수 간의 전체적인 연계관계 및 환율이 결정되는 메카니즘을 명시적으로 규명하고 그 특성을 비교·분석하고자 한다.

　이러한 실증분석을 수행하기 위한 방법으로서 먼저 전체 표본 기간 및 복수통화바스켓 환율제도와 시장평균 환율제도 하에서 환율의 변동성을 비교·분석하여 환율제도의 변화에 따른 기간분석의 타당성 여부를 검정한다. 그리고 환율과 거시경제변수 시계열자료의 안정성 여부를 검토하기 위한 단위근 검정을 수행한 후, 환율과 거시경제변수 간의 장기적 균형관계를 파악하기 위하여 공적분관계의 존재 여부를 검정한다. 또한 인과관계 검정을 통하여 환율과 개별 거시경제변수 간의 직접적 인과관계뿐만 아니라 환율과 거시경제변수 상호 간의 직·간접적인 인과관계를 검정하여 환율의 결정 및 변동에 대한 메카니즘을 규명한다.

　이 책의 구성은 다음과 같다. 제1장의 서론에 이어 제2장에서는 환율결정이론에 대한 고찰을 통하여 각 이론의 가정과 그 이론적 근거 및 환율결정방정식의 유도과정을 설명함으로써 환율결정이론의 체계적 분석을 시도한다. 제3장에서는 환율의 변동성 및 환율과 거시경제변수 간의 관계에 대한 기존의 실증분석결과를 검토하고 이들이 갖는 방법상의 문제점을 살펴본다. 제4장에서는 환율결정이론에 의한 모형 설정과 이용자료, 그리고 검정방법에 대해 설명한 후, 환율의 변동성 분석, 환율과 거시경제변수에 대한 단위근 검정, 공적분 검정, 그리고 인과관계 검정에 의한 실증분석결과를 제시한다. 제5장에서는 이상의 실증분석결과를 토대로 환율결정 메카니즘에 대한 정보를 제시함과 아울러 우리나라 환율정책의 운용에 대한 시사점을 탐구하고, 이 책의 한계점을 밝히고자 한다.

제2장 환율결정이론

환율결정이론은 현실 경제현상의 변화와 더불어 가격의 신축성 정도, 시장의 조정속도 정도, 금융자산 간의 대체 정도, 그리고 기대형성의 여부 등에 따라 다양하게 변천·발전되어 왔다. 이러한 환율결정이론은 크게 전통적 플로우 접근방법(traditional flow approach to the exchange rate)과 현대적 자산시장 접근방법(modern asset market approach to the exchange rate)으로 구분할 수 있다.

전통적 플로우 접근방법은 재화나 용역, 자산의 국제적 거래에서 발생하는 국제수지불균형이 외환의 수급변동을 통해 환율이 결정되는 플로우 과정을 분석하는 방법이다. 그리고 이는 다시 탄력성 접근방법, 총지출 접근방법, 케인지안 접근방법(IS-LM-BP 모형)으로 세분된다.

현대적 자산시장 접근방법은 국내자산스톡의 국제수요 균형을 위한 환율의 신속한 조정과 국가 간 완전한 자본이동[11]의 전제하에 2국 간의 통화자산 또는 기타 자산의 보유구성에 의해 환율이 결정된다는 이론이다. 이러한 현대적 자산시장 접근방법은 자본의 대체성 정도에 따라 자본의 완전대체성(perfect substitution)을 가정한 통화론적 접근방법과 자본의 불완전대체성(imperfect substitution)을 가정한 포트폴리

---

[11] 완전한 자본이동은 실질적인 거래비용, 자본통제 또는 국가 간 자본흐름에 대한 장벽이 존재하지 않는다는 것을 의미한다.

오 밸런스 접근방법, 그리고 이 두 접근방법을 결합한 종합
자산 모형으로 구분할 수 있다.

이 책에서 중점적으로 분석할 현대적 자산시장 접근방법은
1973년 주요 선진국들이 변동 환율제도를 채택하면서 환율이
단기에서조차 급격히 변동함에 따라 그 원인을 규명하기 위
해 1970년대 후반부터 연구·발전되어 왔다.

먼저 통화론적 접근방법은 물가의 조정속도에 따라 신축적
인 물가조정을 가정한 통화론자 모형, 경직적인 물가를 가정한
오버슈팅 모형, 그리고 점진적인 물가조정을 가정한 금리격차
모형으로 세분할 수 있다. 통화론자 모형은 Frenkel(1976),
Mussa(1976) 등에 의해 발전되어 왔는데, 이 접근방법은 완전
신축적인 물가를 가정하기 때문에 인플레이션이 전혀 없거나
완만한 인플레이션이 존재하는 경제구조에 적용하는 데는 한
계가 있었다. 이에 따라 Dornbusch(1976)는 오버슈팅 모형
(overshooting model)이라고도 불리우는 물가변동이 전혀 없
는 즉, 경직적인 물가하에서 기대 인플레이션율격차가 없는 경
직가격 모형을 제시하였고, Frankel(1979)은 두 국가 간의 장
기 기대 인플레이션율격차를 고려한 금리격차(실질이자율격
차) 모형을 제시하였다.

그런데 통화론적 접근방법 중에서 어느 모형이 현실적으로
설득력이 있느냐의 판단문제는 경제구조에 따른 실증분석으
로 판단하는 수밖에 없다. 즉, 높은 인플레이션이 존재하는 경
제의 경우에는 통화론자 모형, 물가가 경직적인 경우에는 오
버슈팅 모형, 그리고 완만한 인플레이션이 존재하는 경우에는

금리격차 모형이 상대적으로 설명력이 높은 것으로 판단할 수 있다. 이에 대한 실증분식으로는 Frenkel(1976), Frankel(1979) 등이 있다.

이러한 통화론적 접근방법은 기대환율변동에 따른 통화대체나 환위험프리미엄을 전혀 고려하지 않고 있다. 즉, 통화론적 접근방법은 장래에 환율이 변동할 것으로 예상되면 통화보유의 기회비용 변화 및 투자의 수익성, 안정성, 유동성의 변화에 따른 통화 간의 대체, 통화에서 증권으로의 대체, 그리고 표시통화가 상이한 증권 간의 대체가 발생한다는 점을 간과하고 있다.

이러한 점을 고려하여 제시된 접근방법이 포트폴리오 밸런스 접근방법이다. 포트폴리오 밸런스 접근방법은 환위험에 따른 보유금융자산 구성의 조정으로 인한 환율변동을 파악하고, 이로부터 환율결정이론을 도출하는 방법이다. 포트폴리오 밸런스 접근방법은 Branson, Halttunen, and Masson(1977, 1979), Frankel(1983) 등에 의해 발전되어 왔다. 그런데 이 포트폴리오 밸런스 접근방법은 그 분석을 자산포트폴리오상의 변동에만 지나치게 치중함으로써 구매력평가와 같은 환율의 기본적인 결정요인을 고려하고 있지 않다는 문제점을 가지고 있다.

이에 따라 통화론석 섭근방법과 포드폴리오 밸런스 접근방법의 문제점을 극복하기 위하여 두 접근방법을 결합한 종합자산 모형이 제시되었고, 이러한 종합자산 모형은 Hooper and Motorn(1982) 등에 의해 발전되어 왔다.

<그림 2-1> 환율결정이론의 체계

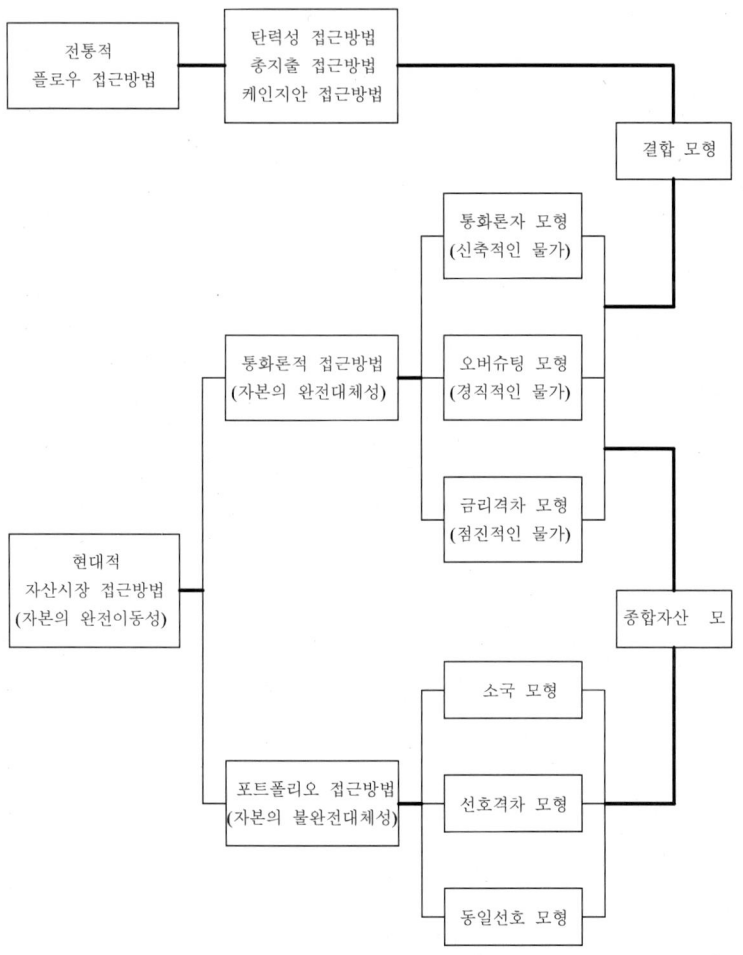

(자료) Frankel(1983), p.85, 성범용(1993), p.415에서 재작성.

이와 같이 환율은 여러 요인에 의해 결정되며 이런 요인들
가운데 어느 것을 중시하느냐에 따라 환율결정에 대한 이론

적 접근방법은 달라진다. 이러한 환율결정이론의 체계를 종합하면 <그림 2-1>과 같이 나타낼 수 있다.

제1절 전통적 플로우 접근방법

전통적 플로우 접근방법은 국가 간 재화, 용역 및 자산의 거래로 인해 발생하는 국제수지불균형이 외환의 수급변동을 통하여 환율이 결정되는 플로우 과정을 분석하는 방법이다.12) 이 방법은 분석초점에 따라 탄력성 접근방법, 총지출 접근방법, 케인지안 접근방법 등으로 구분된다.

---

12) 전통적 플로우 접근방법 이외의 고전적 환율결정 학설에는 국제대차설, 구매력평가설, 환심리설 등이 있다. 먼저 국제대차설은 환율이 일국의 국제채권과 국제채무에 의해 결정된다는 학설이다. 구매력평가설(theory of purchas-ing power parity; PPP)은 상품의 상대가격이 환율에 의하여 영향을 받지 않고, 환율이 양국의 상대적 물가수준에 의해 결정된다는 학설이다. 그리고 환심리설은 환율결정 메카니즘인 외환의 수요와 공급이 경제주체들의 심리적인 요인에 의하여 영향을 받는다는 학설이다. 이 가운데 구매력평가설은 비교역재, 수송비, 무역장벽의 존재, 불완전경쟁, 물가지수 산정을 위해 이용되는 가중치의 국가 간 차이, 환율과 가격조정속도의 차이 등으로 성립하지 않는다는 주장도 존재하지만 근대 환율결정이론 특히, 통화론적 접근방법과 종합자산 모형의 기초가 되고 있다. 환심리설은 환율의 오버슈팅(overshoo-ting)이론이나 기대되지 않은 정책변경 또는 경제뉴스가 환율에 미치는 영향 분석 등 기대와 환율 간의 인과관계를 모형화하여 발전시키는 이론으로 전개되고 있다.

탄력성 접근방법(elasticity approach)은 환율의 변동이 수출입재의 상대가격 변화를 통하여 무역수지에 미치는 영향에 초점을 둔 분석방법이다. 총지출 접근방법(absorption approach)은 환율의 변동이 소득과 총지출의 변화를 통해 경상수지 변동에 미치는 영향에 초점을 둔 방법이며, 케인지안 접근방법(Keynesian approach)은 실물시장, 화폐시장 및 외환시장을 동시에 분석하는 방법이다.

환율과 국제수지는 불가분의 관계에 있기 때문에, 이러한 접근방법은 고정 환율제도하에서는 국제수지결정 모형으로 나타나지만 환율이 외환의 수요와 공급에 의해 결정되는 변동 환율제도하에서는 다음과 같은 환율결정 행태방정식으로 나타낼 수 있다.(성범용, 1993)

$$S = S(Y, Y^*, P/P^*, i, i^*) \qquad (2\text{-}1\text{-}1)$$
$$S_1 > 0, \ S_2 < 0, \ S_3 > 0, \ S_4 < 0, \ S_5 > 0$$

이 행태방정식은 국내실질소득의 증가 및 국내상품의 상대가격 상승은 자국의 수입수요를 증가시켜 환율의 상승을 초래하는 반면, 외국실질소득의 증가는 자국의 수출을 증가시켜 환율을 하락 시킨다는 것을 의미한다. 또한 국내이자율의 상승 및 외국이자율의 하락은 자국으로의 자본유입을 초래하여 환율의 하락을 야기한다는 것을 의미한다.

그런데 국제적으로 자본의 이동이 자유롭고 환율이 즉각적으로 변동하는 경우에는 기대의 역할이 중요하다. 그러나 이 접근방법은 환율에 대한 기대가 전혀 반영되지 않은 정태적 기대를 가정할 뿐만 아니라 환율변동이 국내물가수준에 미치는 영향을 명시적으로 고려하고 있지 않다는 문제점을 가지고 있다.

제2절 통화론적 접근방법

통화론적 접근방법(monetary approach to exchange rate determination)은 환율을 화폐적 현상으로 이해하는 이론적 체계를 총칭하는데, 이 접근방법에서는 환율이 양국 간의 화폐에 대한 상대적 수요와 공급에 의해 결정된다고 본다.

통화론적 접근방법은 완전한 자본이동과 자산보유자의 포트폴리오에서 국내외 채권이 완전한 대체재라는 자본의 완전대체성을 가정한다. 국가 간 완전한 자본이동은 실제 포트폴리오 구성이 의도된 포트폴리오 구성으로 즉각적으로 조정되는 것을 의미한다. 따라서 채무불이행의 위험 또는 미래 자본통제가 없다고 가정하면 완전한 자본이동은 커버된 이자평가(covered interest parity)를 의미한다.[13] 즉, 국내채권 이자율은 유사한 외국채권의 이자율에 외환의 선물환위험을 더한 것과 같다.

국내외 채권 간의 완전한 대체가능성은 완전한 자본이동보

---

13) Frankel(1979) 참조.

다 강한 가정이다. 이것은 자산보유자가 어떤 공통된 뉴메리어로 표현하더라도 두 국가의 채권에 대한 기대수익율이 동일한 한, 그들의 채권 포트폴리오 구성에 무차별하다는 것이다. 따라서 자본의 완전대체성은 커버되지 않은 이자평가(uncovered interest parity) 즉, 국내채권의 이자율은 외국채권의 이자율에 국내(외국)통화의 기대된 가치하락(가치상승)률을 더한 것과 동일하다는 것을 의미한다.

이러한 통화론적 접근방법은 물가의 조정속도에 따라 신축적인 물가조정을 가정한 통화론자 모형(monetarist model), 경직적인 물가를 가정한 오버슈팅 모형(overshooting model), 그리고 점진적 물가조정을 가정한 금리격차 모형(real interest differential model)으로 구분할 수 있다.

1. 통화론자 모형

통화론자 모형(monetarist model; flexible price adjusting model)은 상품가격이 완전 신축적이기 때문에, 재화시장에서 구매력평가(PPP)조건14)이 장기에서는 물론 단기에서도 즉각적으

---

14) 통화론적 접근방법의 기본적 가정을 이루는 구매력평가설은 절대구매력평가설(절대 PPP)과 상대구매력평가설(상대 PPP)로 구분된다. 먼저 절대 PPP는 환율이 양국의 상대적 절대물가수준의 비율로 결정된다는 것으로 $S = (P/P^*)$로 나타낼 수 있다. 그리고 상대 PPP는 환율의 변동률이 양국 간 상대적 물가수준의 변동률에 의하여 결정된다는 것으로 $\hat{S} = \hat{P} - \hat{P}^*$로 나타낼 수 있다.

로 성립한다고 가정한다. 이러한 통화론자 모형은 Frenkel(1976, 1980), Mussa(1976), Girton and Roper(1977), Hodrick (1978), Frankel(1983, 1984) 등에 의해 발전되어 왔다.

1) Frankel(1983, 1984) 모형

이 모형에서는 첫째, 재화가격이 완전히 신축적이어서 구매력평가가 즉각적으로 성립한다. 둘째, 전통적인 화폐수요함수15)를 전제하며 양국의 화폐수요에 대한 소득탄력성과 이자율준탄력성이 동일하다. 셋째, 국내외 채권이 완전 대체재이어서 커버되지 않은 이자평가가 성립한다. 넷째, 합리적 기대를 가정한다.

Frankel(1983, 1984) 모형은 다음과 같다.

$$s = p - p^* \tag{2-2-1}$$

$$m = p + \phi y - \lambda i \tag{2-2-2}$$

$$m^* = p^* + \phi y^* - \lambda i^* \tag{2-2-3}$$

$$(m - m^*) = (p - p^*) + \phi(y - y^*) - \lambda(i - i^*) \tag{2-2-4}$$

$$i - i^* = \Delta s^e \tag{2-2-5}$$

$$(p - p^*) = (m - m^*) - \phi(y - y^*) + \lambda \Delta s^e \tag{2-2-6}$$

$$\Delta s^e = \pi - \pi^* \tag{2-2-7}$$

---

15) 전통적 화폐수요함수는 케이건(Cagan) 함수 $L(Y, i) \equiv Y^\phi \exp(-\lambda i)$를 의미한다.

$$s = (m - m^*) - \phi(y - y^*) + \lambda(i - i^*) \qquad (2\text{-}2\text{-}8)$$

$$s = (m - m^*) - \phi(y - y^*) + \lambda(\pi - \pi^*) \qquad (2\text{-}2\text{-}9)^{16)}$$

$$s = (m - m^*) - \phi(\bar{y} - \bar{y}^*) + \lambda(\Pi - \Pi^*) \quad (2\text{-}2\text{-}10)$$

(2-2-1)식은 구매력평가를 나타낸다. 그리고 (2-2-2)식과 (2-2-3)식은 각각 국내화폐시장의 균형조건과 외국화폐시장의 균형조건을 나타낸다. (2-2-5)식은 국내외 채권이 완전대체재라는 커버되지 않은 이자평가조건을 의미한다.[17] (2-2-7)식은 기대된 환율의 상승이 기대 인플레이션율의 격차와 같다는 것을 의미한다. (2-2-8)식과 (2-2-9)식은 (2-2-1)식~(2-2-7)식으로 유도된 환율결정방정식인데, 환율이 통화의 상대가격으로서 화폐의 수요와 공급에 의해 결정된다는 것을 의미한다.

국내통화량의 증가는 비례적인 환율의 상승 즉, 국내통화의 가치하락을 야기한다. 그리고 국내소득의 증가 또는 기대 인플레이션율의 하락은 국내화폐수요를 증가시켜 환율의 하락 즉, 국내통화의 가치상승을 초래한다. 또한 (2-2-8)식에서 보는 바와 같이 국내이자율의 상승은 국내화폐수요를 감소시켜 환율의 상승을 야기한다. 그러므로 환율은 자국 및 외국의 통화량격차, 실질소득격차, 이자율격차, 그리고 기대 인플

---

16) Frenkel-Mussa-Bilson방정식이다.(Frankel, 1984)
17) 이 조건은 폐쇄경제의 피셔효과(closed Fisher effect)와 사전적 구매력평가조건으로부터 도출되기 때문에, 흔히 국제적 피셔효과(international Fisher effect) 또는 개방된 피셔효과(open Fisher effect)라고 부른다.

레이션율격차에 의하여 결정된다는 것을 알 수 있다.

소득변화의 외생성과 합리적 기대를 가정히면, 기대 인플레이션율은 기대통화증가율과 같다. 또한 기대된 미래의 상대 통화증가율은 현재의 상대 통화증가율이 되어 (2-2-10)식이 유도된다.

이 접근법에 따르면 국내화폐공급의 증가 또는 소득의 감소와 이자율 상승에 기인한 자국 실질화폐수요의 감소는 화폐시장의 균형을 회복시키기 위해 국내가격의 상승을 야기한다. 이러한 국내가격의 상승은 PPP 조건에 따라 환율의 상승을 초래하게 된다는 것이다.

2) Dornbusch(1984) 모형

이 모형에서는 첫째, 절대구매력평가(절대 PPP)를 가정한다. 둘째, 물가는 자국의 명목화폐공급과 실질화폐수요에 의해 결정된다. 셋째, 실질화폐수요는 실질소득과 명목이자율의 함수이며 그 계수는 양국 간 동일하다고 가정한다.

Dornbusch(1984) 모형은 다음과 같다.

$$s = p - p^* \qquad\qquad (2\text{-}2\text{-}1)$$

$$p = m - \phi y + \lambda i \qquad\qquad (2\text{-}2\text{-}2')$$

$$p^* = m^* - \phi y^* + \lambda i^* \qquad\qquad (2\text{-}2\text{-}3')$$

$$s = (m - m^*) + \lambda(i - i^*) - \phi(y - y^*) \qquad\qquad (2\text{-}2\text{-}6')$$

(2-2-2′)식과 (2-2-3′)식은 각각 국내화폐시장의 균형조건과 외국화폐시장의 균형조건을 나타낸다. (2-2-1)식과 (2-2-2′)식, 그리고 (2-2-3′)식으로부터 (2-2-6′)식의 환율결정방정식이 유도된다. 이것은 환율이 화폐공급, 이자율, 그리고 실질소득의 상대적인 변화에 의해 결정된다는 것을 의미한다. 즉, 국내통화공급의 증가는 비례적인 환율의 상승을 야기한다. 그리고 국내실질소득의 증가는 실질잔고에 대한 수요를 증가시키고 국내물가를 하락 시켜 환율의 하락을 야기한다. 반면에 상대적으로 높은 국내이자율은 실질잔고에 대한 수요의 감소와 그에 따른 가격의 상승을 통해 환율의 상승을 야기한다.

3) 통화론자 모형의 평가

통화공급의 증가는 총수요를 증가시키는데 산출량은 완전고용수준에서 불변이므로 물가수준의 상승률은 통화량의 증가율과 같아진다. 물가수준이 상승하면 구매력평가조건에 따라 환율이 상승하게 되는데, 이때 환율의 상승률은 물가수준의 상승률과 일치한다. 따라서 통화공급의 증가는 비례적인 물가수준과 환율의 상승을 야기하여 환율은 통화공급과 정(+)의 관계를 가진다.

실질소득(산출량)의 증가나 이자율의 하락은 화폐수요를 증가시켜 물가수준은 하락한다. 물가수준이 하락하면 구매력평가조건에 따라 환율이 하락하게 되어 환율은 실질소득과 부(−)의 관계를, 그리고 이자율과 정(+)의 관계를 갖게 된다.

또한 양국 간 이자율의 격차는 양국 간 기대 인플레이션율의 격차와 같아서 기대 인플레이션율이 상승하면 환율이 상승하여 기대 인플레이션율과 환율은 정(+)의 관계를 갖게 된다.

따라서 환율이 양국의 통화량뿐만 아니라 기대 인플레이션율에 의해서도 영향을 받기 때문에, 단기적으로 매우 큰 변동성을 보이게 된다고 설명하고 있다.

2. 오버슈팅 모형

통화론자 모형은 재화가격이 완전히 신축적이어서 재화시장에서 구매력평가(PPP)조건이 장기에서는 물론 단기에서도 즉각적으로 성립한다고 가정한다. 그러나 경직가격 통화론적 접근방법인 오버슈팅 모형(overshooting model; sticky price adjusting model)은 가격이 장기적으로는 신축적이지만 단기적으로는 경직적이라고 가정한다.18) 따라서 장기에서는 통화론자 모형과 동일한 특성을 가지고 있지만, 단기에서는 가격이 경직적이라고 가정하기 때문에 단기의 특성은 통화론자 모형과 근본적으로 다르다. 이러한 오버슈팅 모형은 Dornbusch(1976, 1978, 1982), Mundell(1963), Argy and Porter(1972), Rogoff (1979), Gray and Turnovsky(1979) 등에 의해 발전되어 왔다.

---

18) 가격이 경직적인 이유는 장기계약, 불완전한 정보, 가격변화에 따른 조정비용, 그리고 소비자행태의 관성 등이 존재하기 때문이다.[Frankel(1983), 이효구(1990)]

1) Dornbusch(1976) 모형

이 모형에서는 첫째, 자산시장의 조정은 즉각적으로 이루어지는 반면에 재화시장의 조정은 완만하게 이루어진다. 즉, 환율과 자산시장의 조정이 재화시장에 비해 상대적으로 빠르게 이루어지며, PPP는 장기에서만 성립한다. 둘째, 환율에 대한 예상은 합리적이다. 셋째, 분석대상국은 소국이다. 따라서 이자율과 수입재의 가격은 주어진다. 넷째, 실질화폐수요는 국내이자율과 실질소득의 함수라고 가정한다.

Dornbusch(1976) 모형은 다음과 같다.

$$i = i^* + \Delta s^e \qquad\qquad (2\text{-}2\text{-}5')$$

$$\Delta s^e = \theta(\bar{s} - s) \qquad\qquad (2\text{-}2\text{-}11)$$

$$-\lambda i + \phi y = m - p \qquad\qquad (2\text{-}2\text{-}12)$$

$$p - m = -\phi y + \lambda i^* + \lambda\theta(\bar{s} - s) \qquad\qquad (2\text{-}2\text{-}13)$$

$$\bar{p} = m + (\lambda i^* - \phi y) \qquad\qquad (2\text{-}2\text{-}14)$$

$$s = \bar{s} - (1/\lambda\theta)(p - \bar{p}) \qquad\qquad (2\text{-}2\text{-}15)$$

(2-2-5′)식은 국내외 통화로 표시된 자산이 완전대체재라는 가정에 따른 커버되지 않은 이자평가조건을 나타낸다. (2-2-11)식은 기대된 환율의 상승률이 장기균형 환율과 현행 환율의 격차에 비례한다는 것을 의미한다. (2-2-12)식은 화폐시장의 균형조건을 나타낸다. 합리적 기대의 가정에 의하여 (2-2-13)식으로부터 장기가격수준을 나타내는 (2-2-14)식

이 유도된다. (2-2-14)식을 (2-2-13)식에 대입하면 물가와 환율 간의 관계를 나타내는 이 모형의 핵심적인 방정식인 (2-2-15)식이 유도된다. (2-2-15)식은 장기의 환율과 가격이 주어지면 현행 환율은 현재 가격의 함수로 결정된다는 것을 의미한다.

또한 장기에서 $d\bar{s} = d\bar{m} = d\bar{p}$이므로 (2-2-13)식으로부터 $ds/dm = 1 + (1/\lambda\theta)$이 유도되며, $\lambda\theta < 1$이기 때문에 통화량 증가보다 환율의 상승 폭이 크다는 것을 알 수 있다. 즉, 단기에서 환율의 오버슈팅(overshooting)이 발생한다.[19]

그런데 이러한 환율의 오버슈팅(overshooting)은 시장 간의 조정속도 차이로부터 발생한다. 즉, 이 모형에서 환율결정의 동학적 측면은 환율과 자산시장의 조정이 재화시장의 조정에 비하여 상대적으로 신속하게 이루어진다는 가정으로부터 발생한다. 통화공급의 증가는 재화시장의 가격이 경직적이기 때문에 단기적으로 환율의 즉각적인 상승을 초래하며, 또한 이것으로 단기에서 급격한 환율의 변동을 설명할 수 있다.

2) Frankel(1983) 모형

Frankel(1983, 1984)의 통화론자 모형에서는 재화가격이 완

---

19) 오버슈팅(overshooting)이란 상품이나 금융자산의 시장가격이 일시적으로 장기균형가격에서 이탈하거나 또는 단기균형가격의 변동이 장기균형가격의 변동보다 크게 나타나는 현상을 말한다. 이러한 환율의 overshooting의 정도는 화폐수요의 이자율준탄력성(λ)과 기대계수(θ)의 크기에 의존한다.

40

전히 신축적이어서 구매력평가(PPP)가 즉각적으로 성립한다
는 가정하였다. 그러나 이 모형에서는 통화론자 모형에서와
는 달리 가격조정이 즉각적으로 이루어지지 않아 PPP는 장
기에서만 성립한다고 가정한다.

이 가정에 따라 유도된 Frankel(1983) 모형은 다음과 같다.

$$m = p + \phi y - \lambda i \tag{2-2-2}$$

$$m^* = p^* + \phi y^* - \lambda i^* \tag{2-2-3}$$

$$i - i^* = \Delta s^e \tag{2-2-5}$$

$$\bar{s} = \bar{p} - \bar{p}^* \tag{2-2-16}$$

$$\bar{s} = (\bar{m} - \bar{m}^*) - \phi(\bar{y} - \bar{y}^*) + \lambda(\bar{\pi} - \bar{\pi}^*) \tag{2-2-17}$$

$$\bar{s} = (m - m^*) - \phi(y - y^*) + \lambda(\Pi - \Pi^*) \tag{2-2-18}$$

$$\Delta s^e = -\theta(s - \bar{s}) + (\Pi - \Pi^*) \tag{2-2-19}$$

$$s - \bar{s} = -(1/\theta)[(i - \Pi) - (i^* - \Pi^*)] \tag{2-2-20}$$

$$s = (m - m^*) - \phi(y - y^*) + \lambda(\Pi - \Pi^*)$$
$$- (1/\theta)[(i - \Pi) - (i^* - \Pi^*)] \tag{2-2-21}$$

$$s = (m - m^*) - \phi(y - y^*) - (1/\theta)(i - i^*) \tag{2-2-22}$$

(2-2-16)식은 장기 PPP를 나타낸다. 따라서 통화론자 모형
의 (2-2-8)식은 장기에서만 성립하여 (2-2-17)이 유도된다.
(2-2-17)식은 장기의 환율결정방정식인데, 합리적 기대하에
서 소득이 외생적으로 결정된다면 (2-2-18)식이 유도된다.

환율조정을 나타내는 (2-2-19)식은 장기에서 기대된 환율상승률이 통화증가율격차와 같다는 것을 의미한다. (2-2-19)식과 커버되지 않은 이자평가조건 (2-2-5)식을 결합하면 (2-2-20)식이 유도된다. (2-2-20)식에서 환율과 균형 환율의 격차는 실질이자율격차와 비례한다. 즉, 국내이자율의 상대적 상승은 즉각적인 자본유입을 통해 환율을 균형수준 이상으로 하락시키는 오버슈팅을 야기한다. 그러나 시간이 경과하면서 단기 환율은 장기균형 환율수준으로 수렴하게 된다.

　　장기의 화폐균형경로를 나타내는 (2-2-18)식과 단기의 오버슈팅 효과를 나타내는 (2-2-20)식을 결합하면 환율결정방정식 (2-2-21)식이 유도된다. (2-2-21)식은 통화론자 모형의 (2-2-10)식에 실질이자율격차항을 추가한 것과 동일하다. 따라서 장기균형으로의 조정이 즉각적으로 이루어지면($\theta = \infty$) 환율결정방정식은 통화론자 모형과 동일해진다. 그리고 장기 통화증가율격차 $(\Pi - \Pi^*)$가 零이면 (2-2-22)식이 유도된다. (2-2-22)식은 자국통화량의 상대적 증가가 비례적인 환율의 상승을 야기하는 반면에, 상대적인 소득의 증가 및 이자율의 상승은 환율의 하락을 초래한다는 것을 의미한다.

3) 오버슈팅 모형의 평가

　　명목통화량의 증가는 경직적인 물가 때문에 실질통화량을 동일한 비율로 증가시킨다. 이에 따라, 이자율은 즉각적으로 하락하는 동시에 환율은 균형수준 이상으로 상승한다. 즉, 통화량의 증가는 단기적으로 환율의 오버슈팅을 야기한다. 그러나 이자율하락과 환율상승으로 인해 실질소득이 증가하는 동시에 물가는 상승하기 시작한다. 이러한 물가상승은 실질화폐잔고를 감소시켜 이자율도 상승하기 시작한다. 또한 자산보유자는 실제 환율이 장기균형 환율보다 높기 때문에 실제 환율이 장기균형 환율수준으로 하락하리라 기대한다. 따라서 장기적으로 통화량의 증가는 비례적인 환율상승과 물가상승을 초래한다.

환율의 오버슈팅은 물가수준의 단기적 경직성이 가져오는 직접적인 결과이다. 즉, 자산시장의 조정은 즉각적으로 이루어지는 반면에 재화시장의 조정은 완만하게 이루어진다는, 자산시장과 재화시장 간의 조정속도 차이의 결과이다. 이러한 환율의 오버슈팅은 환율의 불안정성을 설명해 주는 이론적 근거를 제시하고 있다.

이상의 오버슈팅 모형을 통화론자 모형과 비교해 보면, 다음의 몇 가지 상이한 점이 나타나고 있음을 알 수 있다.

첫째는 오버슈팅 모형에서는 통화론자 모형에서의 완전한 가격신축성 가정을 완화하여 환율과 자산시장의 조정속도가 재화시장의 조정속도에 비해 신속하게 이루어진다고 가정한다. 그리고 이러한 자산시장과 재화시장의 조정속도 차이에 기인하여 환율의 오버슈팅 현상이 발생한다.

둘째는 환율과 이자율 간의 관계이다. 통화론자 모형에서는 환율과 이자율 사이에 정(+)의 관계를 갖지만, 오버슈팅 모형에서는 환율과 이자율이 부(-)의 관계를 갖는다. 즉, 통화론자 모형에서는 이자율의 상승이 실질화폐수요의 감소를 야기하고, 명목통화량의 공급이 일정할 경우 지출증대를 통해 물가를 상승시킴으로써 환율의 상승을 가져온다.

그러나 오버슈팅 모형에서 통화론자 모형에서와는 반대로 환율과 이자율 사이에 부(−)의 관계가 나타나는데 그 조정과정은 다음과 같다. 즉, 통화량의 증가는 이자율의 하락과 그에 따른 자본유출을 야기한다. 단기에서 물가수준은 일정하기 때문에 지속적인 자산시장균형을 유지하기 위해 환율은 장기균형수준 이상으로 상승하는 오버슈팅 현상이 발생한다. 환율의 오버슈팅 이후 재화시장의 완만한 조정속도로 인하여 재화에 대한 초과수요가 나타나게 된다. 이것은 물가의 상승과 그에 따른 실질통화량의 감소와 이자율의 상승을 가져온다. 이러한 국내이자율의 상승은 자본유입을 초래하고, 환율은 장기적인 균형경로를 따라 하락하게 된다. 그러므로 환율과 이자율 사이에 부(−)의 관계가 나타나게 된다.

이러한 오버슈팅 모형은 변동 환율제 채택 이후 나타난 환율 변동성의 증가를 설득력 있게 설명해 준다. 그리고 단기적으로 구매력평가가 성립하지 않는다고 가정함으로써 통화론자 모형보다 현실적이다. 나아가 오버슈팅 모형은 명목이자율의 상승이 해당국 통화의 가치를 상승시키는 현상에 대해서도 적절한 설명을 할 수 있다.

3. 금리격차 모형

통화론자 모형은 가격의 완전신축성을 가정하기 때문에 지속적으로 높은 인플레이션이 존재하는 경우에 적합한 환율결정이론이라고 할 수 있는 반면에, 오버슈팅 모형은 가격의 경직성을 가정하므로 인플레이션이 존재하지 않거나 물가가 안정적인 경우에 적합한 환율결정이론이라고 할 수 있다. 따라서 완만한 인플레이션이 존재하는 보다 현실적인 환율결정이론의 필요성이 제기되게 되었다. 이에 따라 제시된 이론이 금리격차 모형(real interest rate differential model)이다. 즉, 금리격차 모형은 가격의 완전신축성을 가정한 통화론자 모형과 가격의 경직성을 가정한 오버슈팅 모형을 결합한 모형이라고 할 수 있다.

1) Frankel(1979) 모형

Frankel(1983)의 오버슈팅 모형에서는 가격의 경직성을 가정하지만 이 모형에서는 물가의 완만한 조정을 가정한다. 그리고 기대된 환율의 상승률은 실제 환율과 균형 환율 간의 격차와 양국 간 장기 기대 인플레이션율격차의 함수라고 가정한다.

Frankel(1979) 모형은 다음과 같다.

$$\Delta s^e = i - i^*$$

$\qquad\qquad\qquad\qquad\qquad\qquad\qquad\qquad\qquad$ (2-2-5)

$$\varDelta s^e \; = \; -\theta(s-\overline{s}) + \overline{\pi} - \overline{\pi}^* \qquad\qquad (2\text{-}2\text{-}19')$$

$$s-\overline{s} \; = \; -\frac{1}{\theta}[\,(i-\overline{\pi})-(i^*-\overline{\pi}^*)] \qquad (2\text{-}2\text{-}20')$$

$$\overline{s} \; = \; \overline{p}-\overline{p}^* \qquad\qquad\qquad (2\text{-}2\text{-}16)$$

$$m \; = \; p+\phi y-\lambda i \qquad\qquad\qquad (2\text{-}2\text{-}2)$$

$$m^* \; = \; p^*+\phi y^*-\lambda i^* \qquad\qquad (2\text{-}2\text{-}3)$$

$$m-m^* \; = \; p-p^*+\phi(y-y^*)-\lambda(i-i^*) \qquad (2\text{-}2\text{-}4)$$

$$\overline{s} \; = \; \overline{p}-\overline{p}^* \; = \; \overline{m}-\overline{m}^*-\phi(\overline{y}-\overline{y}^*)$$
$$+\lambda(\overline{\pi}-\overline{\pi}^*) \qquad\qquad (2\text{-}2\text{-}17')$$

$$s \; = \; m-m^*-\phi(y-y^*)-\frac{1}{\theta}(i-i^*)$$
$$+(\frac{1}{\theta}+\lambda)(\pi-\pi^*) \qquad\qquad (2\text{-}2\text{-}23)$$

(2-2-19′)식에서 균형 환율($\overline{s}$)은 다른 교란이 없을 때 국내외 장기 기대 인플레이션율격차에 따라 상승하는 것으로 정의된다. (2-2-4)식과 (2-2-19′)식을 결합하면 현재 환율과 균형 환율과의 관계를 나타내는 (2-2-20′)식이 유도된다. (2-2-20′)식의 실질이자율격차는 장기에서 $\overline{i}-\overline{i}^* = \overline{\pi}-\overline{\pi}^*$ 이다. 따라서 (2-2-20′)식은 (2-2-20)식과 마찬가지로 국내이 사율의 상대적 상승이 즉각적인 자본유입을 통해 환율을 균형수준 이상으로 하락 시키는 오버슈팅을 야기한다는 즉, 현재 환율이 균형 환율보다 더 하락한다는 것을 의미한다.

(2-2-17′)식을 (2-2-20′)식에 대입하고, 균형통화량과 균형소득, 그리고 기대 인플레이션율이 현재의 수준으로 주어졌

다고 가정하면, 금리격차 모형의 환율결정방정식 (2-2-23)식
이 유도된다. (2-2-23)식에서 통화량의 증가는 그로 인한 화
폐시장의 불균형을 회복시키기 위해 이자율의 하락과 그에
따른 자본유출을 초래하여 환율의 상승을 야기한다. 그리고
소득의 증가는 화폐수요를 증가시키고 이에 따른 이자율 상
승은 자본유입을 초래하여 환율의 하락을 야기한다. 또한 기
대 인플레이션율의 상승은 화폐수요를 감소시키고 이에 따른
이자율 하락은 자본유출을 초래하여 환율은 상승하게 된다.
따라서 통화량과 기대 인플레이션율은 환율과 정($+$)의 관계
를 갖지만, 소득과 이자율은 환율과 부($-$)의 관계를 갖는다.

(2-2-23)식에서 기대된 인플레이션율의 격차가 零인 경우
(2-2-23)식은 오버슈팅 모형의 환율결정방정식 (2-2-22)식과
동일하게 된다. 또한 장기균형으로의 조정이 즉각적으로 이
루어져서($\theta = \infty$) 이자율격차에 대한 계수가 零인 특수한 경
우, (2-2-23)식은 통화론자 모형의 환율결정방정식 (2-2-9)식
과 동일하게 된다.

2) 금리격차 모형의 평가

금리격차 모형은 완전 신축적인 통화론적 접근방법과 완전
경직적인 통화론적 접근방법을 극단적인 특수한 형태로 모두
포함하고 있다. 즉, 장기균형으로의 조정이 즉각적으로 이루
어져서 이자율격차에 대한 계수가 零인 특수한 경우에는 통
화론자 모형의 환율결정방정식과 동일하게 되고, 기대 인플

레이션율격차가 零인 경우에는 오버슈팅 모형의 환율결정방
정식과 동일하게 된다. 따라서 금리격차 모형은 통화론자 모
형과 오버슈팅 모형을 결합한 모형으로서 완만한 인플레이션
이 존재하는 경우에 보다 설득력이 있다고 판단할 수 있다.

제3절 포트폴리오 밸런스 접근방법

통화론적 접근방법에서는 자국과 외국의 채권이 완전한 대
체재라고 가정하여 커버되지 않은 이자율평가가 성립하였다.
그러나 포트폴리오 밸런스 접근방법은 자국채권과 외국채권
이 완전대체재라는 비현실적 가정을 완화하여 자국과 외국의
채권이 불완전한 대체재라고 가정한다.[20] 따라서 투자자들은
환율의 변동으로부터 발생하는 위험을 분산시키기 위해 기대
된 상대수익률(또는 위험 프리미엄)에 따라 국내외 채권 간
의 포트폴리오를 결정한다.

또한 통화론적 접근방법은 기대된 환율변동에 따른 금융자
산 간의 대체나 환위험프리미엄을 고려하고 있지 않다. 그러나
현실적으로 장래에 환율이 변농할 것으로 예상되면 통화 산의
대체, 통화에서 증권으로의 대체, 표시통화가 상이한 증권 간의

---

20) Frankel(1983)은 두 자산이 불완전한 대체재가 될 수 있는 원인
으로 유동성, 조세부과 방법, 채무불이행 위험, 정치적 위험, 그
리고 환 위험 등을 들고 있다.

48

대체가 발생하며, 이러한 금융자산 간의 대체는 환위험을 보상 받기 위한 환위험프리미엄(exchange risk premium)[21]을 발생 시킨다.

이러한 환위험에 따른 보유금융자산 구성의 조정으로부터 발생하는 환율변동을 파악하고, 이로부터 환율결정이론을 도 출하는 것이 포트폴리오 밸런스 접근방법이다. 즉, 이 접근방 법은 투자자들이 투자대상 자산 간의 기대수익률에 따라 그 들의 자산을 최적 배분하는 과정에서 환율이 국내외 채권의 상대적 공급에 의해 결정된다는 이론이다. 이러한 포트폴리 오 밸런스 접근방법은 가정에 따라 세 가지 유형의 모형으로 분류할 수 있다.

첫째는 소국(small country) 모형이다. 이 모형에서는 자국이 소국이기 때문에 외국거주자들은 자국통화표시 채권을 보유하 지 않는다. 소국 모형의 유형에는 Branson(1976), Kouri(1976), Branson, Halttunen and Masson(1977, 1979), Dornbusch and Fisher(1980), Rodriguez(1980) 등이 있다.

둘째는 선호격차(preferred local habitat) 모형이다. 이 모 형은 대국(large country)의 경우에 적합한 모형으로서 자국 및 외국의 거주자들이 자국 및 외국채권을 모두 보유하지만, 자국거주자들이 그들의 富 가운데 자국채권을 보유하고자 하 는 비율이 외국거주자들이 그들의 富 가운데 자국채권을 보 유하고자 하는 비율보다 크다고 가정한다. 이 모형의 유형에

---

21) 환위험프리미엄은 커버되지 않은 환위험자산을 보유하기 위해 요 구되는 추가보상(extra compensation)을 의미한다.

는 Kouri and de Macedo(1978), Dooley & Isard(1979) 등을 들 수 있다.

셋째는 동일포트폴리오선호(uniform portfolio preference) 모형이다. 이 모형에서는 시장참여자들이 모두 동일한 포트폴리오 선호를 가진다고 가정한다. 따라서 경상수지의 변화를 통한 세계 전체의 부의 재분배는 환율결정에 영향을 미치지 못하고 단지 각국의 채권공급이 중요하다는 것이다. 이 모형의 유형으로는 Grauer, Litzenberger and Stehle(1976), Frankel(1979), Fama and Farber(1979), Dornbusch(1980) 등이 있다.

1. Branson-Halttunen-Masson 모형

Branson-Halttunen-Masson(1977, 1979)은 분석대상국인 자국이 소국이기 때문에 외국거주자들은 자국통화표시 채권을 보유하지 않는 소국 모형에서의 환율결정을 분석한다. 이 모형에서는 첫째, 분석대상국은 소국이어서 세계적으로 교역되는 채권(자산)의 이자율은 외생적으로 결정된다. 둘째, 이자율이 i인 자국채권(B)과 세계시장에서 고정된 이자율($\bar{i}$)의 외국자산(F), 그리고 자국화폐(M)가 존재하며 자국채권과 자국화폐는 비교역 자산이고 외국자산(채권)만이 교역된다. 셋째, 외국자산의 증가는 경상수지 흑자를 통해서만 이루어진다고 가정한다. 그리고 암묵적으로 정태적 기대를 가정한다.

Branson-Halttunen-Masson 모형은 다음과 같다.

$$M = m(i, \bar{i})W \tag{2-3-1}$$

$$B = b(i, \bar{i})W \tag{2-3-2}$$

$$sF = f(i, \bar{i})W \tag{2-3-3}$$

$$W = sF + B + M \tag{2-3-4}$$

$$m_i + f_i = -b_i < 0$$

$$m_{\bar{i}} + b_{\bar{i}} = -f_{\bar{i}} < 0 \tag{2-3-4'}$$

$$\dot{i} = \delta[B - b(i, \bar{i})W] \tag{2-3-5}$$

$$\dot{s} = \gamma[f(i, \bar{i})W - sF] \tag{2-3-6}$$

$$\begin{pmatrix} \dot{i} \\ \dot{s} \end{pmatrix} = \begin{bmatrix} -\delta W b_i & -\delta bF \\ \gamma W f_i & -\gamma F(1-f) \end{bmatrix} \begin{pmatrix} i_0 - i \\ s_0 - s \end{pmatrix} \tag{2-3-7}$$

$$\underbrace{\begin{bmatrix} Wm_i & mF \\ Wb_i & bF \end{bmatrix}}_{A} \begin{pmatrix} di \\ ds \end{pmatrix} = \underbrace{\begin{bmatrix} 1-m & -m & -ms & -Wm_i \\ -b & 1-b & -bs & -Wb_{\bar{i}} \end{bmatrix}}_{B} \begin{pmatrix} dM \\ dB \\ dF \\ d\bar{i} \end{pmatrix} \tag{2-3-8}$$

$$\begin{pmatrix} di \\ ds \end{pmatrix} = \frac{1}{det(A)} \begin{bmatrix} bF & -mF \\ -Wb_i & Wm_i \end{bmatrix} [\, b_{ij}] \begin{pmatrix} dM \\ dB \\ dF \\ d\bar{i} \end{pmatrix} \tag{2-3-9}$$

(2-3-1)~(2-3-3)식은 각각 화폐시장, 자국자산시장 그리고 외국자산시장의 균형조건을 나타내고 (2-3-4)식은 부(W)의 제약조건을 나타낸다. (2-3-4')식은 자산 간의 총대체가능성

의 가정이며, (2-3-5)식과 (2-3-6)식은 이자율과 환율에 대한 자국자산시장과 외국자산시장의 단기동학 주정체계에 대한 가정이다.[22] (2-3-7)식으로부터 단기균형의 안정성이 도출될 수 있으며, (2-3-4)식을 가지고 (2-3-1)식과 (2-3-2)식을 전미분하면 (2-3-8)식이 유도된다. (2-3-9)식으로부터 예산적자 또는 공개시장조작을 통한 국내화폐스톡의 증가는 직접적으로 환율을 상승시킨다는 것을 알 수 있다. 이러한 환율의 상승은 금융시장의 균형을 위해 필요하며 가격수준에 대한 어떤 영향이 나타나기 이전에 급속히 이루어져야 한다.

따라서 환율은 단기에서 상대가격이 아니라 금융시장의 균형에 의하여 결정된다. 또한 경상수지흑자로 인한 순외국자산의 증가는 환율을 하락 시키는 반면에 순외국자산이 감소하는 경상수지 적자는 환율을 상승시킨다. 즉, 환율은 국내통화량과 정(+)의 관계를 갖지만 경상수지와는 부(−)의 관계를 갖는다.

2. Frankel 모형

Frankel(1983)은 정태적 기대하에서 소국 모형, 선호격차 모형, 동일 포트폴리오 모형을 모두 분석하고 있다.

먼저 분석대상국이 소국인 소국 모형은 다음과 같다.

$$B_j / SF_j \;=\; \beta_j(i - i^* - \Delta s^e) \qquad\qquad (2\text{-}3\text{-}10)$$

---

22) 조정계수 δ와 γ의 크기는 각각 $0 < \delta < \infty$, $0 < \gamma < \infty$이다.

$$B_H/SF_H = \beta_H(i - i^* - \Delta s^e) \qquad (2\text{-}3\text{-}11)$$

$$s = -\alpha_H - \beta_H(i - i^*) + b - f_H \qquad (2\text{-}3\text{-}12)$$

(2-3-10)식은 개별 자산수요방정식인데 $\beta_j > 0$이면 투자자들은 이자율격차의 확대 또는 기대된 환율의 상승률이 하락할 때 그들의 포트폴리오를 외국채권에서 국내채권으로 대체한다는 것을 의미한다. 또한 분석대상국이 소국이라고 가정함으로써 외국인들은 국내채권을 보유하지 않는다. 따라서 (2-3-11)식과 같은 국내거주자들의 자산수요방정식이 유도된다. 정태적 기대의 가정($\Delta s^e = 0$)에 따라 환율방정식 (2-3-12)식이 도출된다. (2-3-12)식은 환율이 상대 채권공급과 이자율격차에 의해 결정된다는 것을 의미한다. 즉, 자국이자율의 상승 또는 외국자산의 공급증가는 환율의 하락을 야기한다. 따라서 환율과 이자율 간에는 부(−)의 관계가 존재하지만 환율과 국내채권공급 사이에는 정(+)의 관계가 존재한다.

소국 모형에서는 외국의 거주자들이 국내채권을 보유하지 않는다고 가정한다. 그러나 양국의 거주자들이 양국의 자산을 보유하려고 한다는 것이 보다 현실적이다. 따라서 선호격차(preferred local habitat) 모형에서는 소국 모형의 가정을 완화하여 각국의 거주자들이 자국의 채권뿐만 아니라 외국의 채권을 보유하는데, 각국의 거주자들은 자신의 부 가운데 자국자산을 더 큰 비율로 보유하려 한다고 가정한다.

선호격차 모형은 다음과 같다.

$$B_j/SF_j \;=\; \beta_j(i - i^* - \varDelta s^e) \qquad\qquad (2\text{-}3\text{-}10)$$

$$B_H/SF_H \;=\; \beta_H(i - i^* - \varDelta s^e) \qquad\qquad (2\text{-}3\text{-}11)$$

$$B_F/SF_F \;=\; \beta_F(i - i^* - \varDelta s^e) \qquad\qquad (2\text{-}3\text{-}13)$$

$$s \;=\; -\alpha_H - \beta_H(i - i^*) + b - f_H \qquad\qquad (2\text{-}3\text{-}12)$$

$$s \;=\; -\alpha_F - \beta_F(i - i^*) + b_F - f \qquad\qquad (2\text{-}3\text{-}14)$$

(2-3-11)식은 자국인의 자산수요를, 그리고 (2-3-13)식은 외국인의 자산수요를 나타내는 식이다. 환율방정식 (2-3-14)식은 (2-3-13)식으로부터 유도된 것이다. 환율방정식 (2-3-12)식과 (2-3-14)식으로부터 환율은 상대 채권공급과 이자율격차에 의해 결정된다는 것을 알 수 있다. 따라서 소국 모형에서와 마찬가지로 환율과 이자율 간에는 서로 부(−)의 관계가 존재하지만 채권공급 간에는 정(+)의 관계가 존재한다.

동일포트폴리오선호(uniform portfolio preference) 모형에서는 시장의 모든 참가자들이 동일한 포트폴리오 선호를 가지고 있다고 가정한다.

동일포트폴리오선호 모형은 다음과 같다.

$$B_j/SF_j \;=\; \beta_j(i - i^* - \varDelta s^e) \qquad\qquad (2\ 3\ 10)$$

$$B/SF \;=\; \beta(i - i^* - \varDelta s^e) \qquad\qquad (2\text{-}3\text{-}15)$$

$$s \;=\; -\alpha - \beta(i - i^*) + b - f \qquad\qquad (2\text{-}3\text{-}16)$$

(2-3-15)식은 투자자들이 모두 동일한 포트폴리오 선호를

54

가지고 있다는 가정으로부터 유도된 총자산 수요방정식이다.
정태적기대의 가정에 의해 환율방정식 (2-3-16)식23)이 유도
되는데 (2-3-16)식은 환율이 이자율격차와 상대 채권공급에
의해 결정된다는 것을 의미한다. 즉, 국내이자율의 상대적 상
승은 환율을 하락 시키는 반면에 국내채권의 상대적 공급증
가는 환율을 상승시킨다. 따라서 동일포트폴리오선호 모형에
서도 환율이 이자율과는 부(−)의 관계를 갖지만 채권공급과
는 정(+)의 관계를 갖는다는 것을 알 수 있다.

이와 같이 포트폴리오 밸런스 접근방법의 세 가지 유형의
모든 모형에서 환율과 이자율 간에는 서로 부(−)의 관계가
존재하지만 환율과 채권공급 간에는 정(+)의 관계가 존재하
는 것으로 나타났다. 즉, 자국의 이자율이 상승하거나 외국채
권의 순공급이 증가하면 환율이 하락하고, 외국의 이자율이
상승하거나 국내채권의 순공급이 증가하면 환율이 상승한다
는 것을 나타내고 있다.

그런데 이 포트폴리오 밸런스 접근방법은 그 분석을 자산
포트폴리오의 변동에만 지나치게 치중함으로써 구매력평가와
같은 환율의 기본적인 결정요인을 고려하고 있지 않다. 이에
따라 통화론적 접근방법과 포트폴리오 밸런스 접근방법의 문
제점을 극복하기 위하여 두 접근방법을 결합한 종합자산 모
형이 제시되었다.

---

23) Frankel(1983)의 논문에는 $s = -a + \beta(i - i^*) + b - f$ 로 나타나
있다.

제4절 종합자산 모형

통화론적 접근방법과 포트폴리오 밸런스 접근방법의 결합 모형인 종합자산 모형은 Isard(1980, 1983), Hooper-Morton(1982), Frankel(1983) 등에 의해 발전되어 왔는데, 본 절에서는 Hooper-Morton(1982)과 Frankel(1983)을 고찰하고자 한다.

1. Hooper-Morton 모형

Hooper-Morton(1982)은 첫째, 큰 폭의 지속적인 실질 환율의 변동을 허용하며 이러한 실질 환율의 변동은 장기균형실질 환율[24]에 대한 기대의 변화와 위험프리미엄의 변화를 통하여 경상수지의 변동에 연계된다. 둘째, 기대되지 않은 경상수지의 변화는 장기 경상수지균형을 유지하기 위한 실질 환율의 상쇄적인 변동에 필요한 결정요인의 변화에 대한 정보를 제공한다. 셋째, 경상수지균형은 국내외 자산보유자가 축적(역축적)하고자 하는 장기의 외국자산에 대한 순국내자산의 비율로 정의된다. 넷째, 명목자산스톡은 장기균형에서 증가한다고 가정한다.

Hooper-Morton 모형은 다음과 같다.

---

24) 장기균형실질 환율은 장기경상수지를 균형시키는 환율로 정의된다.

$$\Delta s^e = i - i^* \qquad (2\text{-}4\text{-}1)$$

$$\Delta s^e = \theta(\bar{s} - s) + \Delta \bar{s}^e \qquad (2\text{-}4\text{-}2)$$

$$\bar{s} = (\bar{p} - \bar{p}^*) + \bar{q} \qquad (2\text{-}4\text{-}3)$$

$$\Delta \bar{s}^e = \bar{\pi} - \bar{\pi}^* \qquad (2\text{-}4\text{-}4)$$

$$s = \bar{s} - \frac{1}{\theta}[(i - \bar{\pi}) - (i^* - \bar{\pi}^*)] \qquad (2\text{-}4\text{-}5)$$

$$m - p = \phi y - \lambda i \qquad (2\text{-}4\text{-}6)$$

$$m^* - p^* = \phi y^* - \lambda i^* \qquad (2\text{-}4\text{-}7)$$

$$\bar{p} - \bar{p}^* = \bar{m} - \bar{m}^* - \phi(\bar{y} - \bar{y}^*) + \lambda(\bar{\pi} - \bar{\pi}^*) \qquad (2\text{-}4\text{-}8)$$

$$CA_t = \sum_{i=0}^{t} \gamma_i q_{t-i} + g_1(X)_t + g_2(\widetilde{X})_t \qquad (2\text{-}4\text{-}9)$$

$$\overline{CA} = \bar{\gamma}\bar{q} + g_1(X) \qquad (2\text{-}4\text{-}10)$$

$$\bar{q} = \frac{1}{\gamma}\overline{CA} - \frac{1}{\gamma}g_1(X) \qquad (2\text{-}4\text{-}11)$$

$$\bar{q}_t - \bar{q}_{t-1} = -\frac{1}{\gamma}[g_1(X)_t - g_1(X)_{t-1}] \qquad (2\text{-}4\text{-}12)$$

$$g_1(X)_t - g_1(X)_{t-1} = CA_t - E_{t-1}(CA_t) - \widetilde{CA}_t \qquad (2\text{-}4\text{-}13)$$

$$\bar{q}_t - \bar{q}_{t-1} = -\frac{1}{\gamma}[CA_t - E_{t-1}(CA_t) - \widetilde{CA}_t] \qquad (2\text{-}4\text{-}14)$$

$$\bar{q}_t = \bar{q}_0 - \frac{1}{\gamma}\sum_{i=0}^{t}(CA_{t-i} - E_{t-1-i}(CA_{t-i}) - \widetilde{CA}_{t-i}] \qquad (2\text{-}4\text{-}15)$$

$$E_{t-1}(CA_t) = CA_{t-1} + \delta(\overline{CA} - CA_{t-1}) \qquad (2\text{-}4\text{-}16)$$

$$\widetilde{CA}_t = \eta[CA_t - E_{t-1}(CA_t)] \qquad (2\text{-}4\text{-}17)$$

$$\overline{q}_t = \overline{q}_0 - \frac{1-\eta}{\gamma} \sum_{i=0}^{t} [\, CA_{t-i} - (1-\delta)CA_{t-1-i}\,]$$
$$+ \frac{1-\eta}{\gamma} \overline{\delta CA} \cdot t$$

$$\tag{2-4-18}$$

$$s = \overline{m} - \overline{m}^* - \phi(\overline{y} - \overline{y}^*) + \lambda(\overline{\pi} - \overline{\pi}^*) + \overline{q}_0$$
$$- \frac{1-\eta}{\gamma} \sum_{i} [\, CA_{-i} - (1-\delta)CA_{-i-1}\,]$$
$$+ \frac{1-\eta}{\gamma} \overline{\delta CA} \cdot t - \frac{1}{\theta}[\,(i-\overline{\pi}) - (i^* - \overline{\pi}^*)\,] \tag{2-4-19}$$

$$\Delta s^e = i - i^* - \psi \tag{2-4-20}$$

$$\psi_t = \psi_0 - \rho \sum_{j}(CA_{-j} + I_{-j}) \tag{2-4-21}$$

$$s = \overline{s} - \frac{1}{\theta}[\,(i-\overline{\pi}) - (i^* - \overline{\pi}^*)\,] + \frac{\psi}{\theta} \tag{2-4-22}$$

$$s = \overline{m} - \overline{m}^* - \phi(\overline{y} - \overline{y}^*) + \lambda(\overline{\pi} - \overline{\pi}^*) + \overline{q}_0$$
$$- \frac{1-\eta}{\gamma} \sum_{i} [\, CA_{-i} - (1-\delta)CA_{-i-1}\,]$$
$$+ \frac{1-\eta}{\gamma} \overline{\delta CA} \cdot t - \frac{1}{\theta}[\,(i-\overline{\pi}) - (i^* - \overline{\pi}^*)\,]$$
$$+ \frac{\psi_0}{\theta} - \frac{\rho}{\theta} \sum_{j}(CA_{-j} + I_{-j}) \tag{2-4-23}$$

(2-4-3)식은 균형명목환율이 상대가격과 실질 환율로 구성되어 있다는 것을 의미하며, (2-4-5)식은 (2-4-2)식과 (2-4-4)식을 (2-4-1)식에 대입하여 유도된 환율방정식이다. (2-4-6)식과 (2-4-7)식은 자국과 외국의 화폐시장의 균형조건을 나타낸다. (2-4-8)식은 균형실질 환율이 일정하다는 가정하에서

유도된 것으로 Frankel(1979)의 환율방정식 (2-2-17′)식과 동일하다.

그리고 (2-4-9)식은 경상수지(CA)방정식인데, 경상수지는 실질 환율과 일시적이거나 주기적인 요인 ($\widetilde{X}$), 그리고 영구적인 요인(X)에 의해 영향을 받는다. (2-4-11)식은 (4-10)식으로부터 유도되는데, 여기에서 균형실질 환율은 의도된 장기의 순외국자산 축적률($\overline{CA}$)과 실질 환율 이외의 모든 영구적인 요인(X)에 의해 결정된다. (2-4-12)식은 $\overline{CA}$이 일정하다고 가정하여 (2-4-11)식으로부터 유도된 것이다. (2-4-13)식은 X에 대한 미래의 기대가 정태적이라고 가정하여 유도되었는데, 여기에서 $E_{t-1}(CA_t)$는 t-1기에서 기대된 t기의 CA이고 $\widetilde{CA}$는 기대되지 않은 CA의 변화에 대한 일시적인 구성요소이다.

(2-4-14)식은 (2-4-12)식과 (2-4-13)식으로부터 유도된 식이고, (2-4-15)식에서 t기의 균형실질 환율은 초기의 균형 환율과 경상수지균형에서의 과거의 일시적이지 않고 기대되지 않은 변화의 누적합의 함수로 표현된다. (2-4-16)식과 (2-4-17)식은 경상수지와 일시적인 요인($\widetilde{CA}$)에 대한 가정이다. (2-4-18)식은 (2-4-16)식과 (2-4-17)식을 (2-4-15)식에 대입하여 유도된 균형실질 환율방정식인데, 균형실질 환율은 초기의 균형실질 환율, 경상수지로부터 전기 경상수지의 일정비율을 차감한 누적치, 그리고 누적 균형경상수지 ($\overline{CA} \cdot t$)의 함수로 표현된다. 경상수지가 차기에 균형으로 복귀하리라 기대되고($\delta = 1$)

균형경상수지가 零인 경우, 균형실질 환율은 누적 경상수지의 선형함수가 된다.

(2-4-19)식은 (2-4-3), (2-4-8), 그리고 (2-4-18)식을 (2-4-15) 식에 대입하여 얻은 환율결정방정식인데, 여기에서 환율은 상대적 통화량, 소득, 인플레이션율 및 경상수지와 시간적 추세의 누적적 변동, 그리고 실질이자율격차의 함수임을 보여준다.

(2-4-20)식은 단기의 위험프리미엄이 없다든지 또는 상이한 통화로 명시된 자산이 완전대체재라는 가정을 완화한 것이다. 즉, 단기에서 자산의 불완전한 대체가능성과 환위험프리미엄이 존재하는 하는 경우의 기대된 환율의 상승률을 나타낸다. 여기에서 Ψ는 자산보유자가 외국통화표시 자산과 비교하여 자국통화표시 자산에 대해 요구하는 프리미엄이다. (2-4-21)식은 이러한 환위험프리미엄에 대한 정의인데, 환위험프리미엄은 경상수지와 중앙은행의 자국통화표시 채권의 공개시장 매입(I)을 더한 합의 함수이다. (2-4-22)식은 (2-4-2)식과 (2-4-4)식을 (2-4-20)식에 대입하여 유도된 환율결정방정식이다. 그리고 (2-4-23)식은 (2-4-3), (2-4-8), (2-4-18), 그리고 (2-4-21)식을 (2-4-22)식에 대입하여 유도된 환율결정방정식이다.

이 환율결정방정식에서 환율은 두 가지 경로를 통하여 경상수지에 의해 영향을 받는다. 먼저 기대되지 않은 지속적인 경상수지 적자는 균형실질 환율에 대한 기대의 변화를 통하여 경상수지가 장기균형수준으로 회복되도록 환율을 변동시

킨다. 또한 경상수지적자가 균형으로 회복되는 동안에 중앙
은행의 개입에 의해 보전되지 않는다면 위험프리미엄은 증가
한다. 이것은 실질 환율을 기대된 균형수준 이상으로 오버슈
트하도록 하고, 실질 환율이 균형으로 복귀함에 따라 경상수
지를 변동시킬 것이다. 따라서 경상수지는 기대와 위험프리
미엄의 변동을 통하여 환율결정에 중요한 영향을 주게 된다.

2. Frankel 모형

Frankel(1983)은 자본의 완전한 대체가능성을 완화하여 자
본의 불완전한 대체성 및 합리적 기대를 가정한다.
Frankel 모형은 다음과 같다.

$$s = (m - m^*) - \phi(y - y^*) + \lambda(\Pi - \Pi^*)$$
$$- (1/\theta)[(i - \Pi) - (i^* - \Pi^*)] \tag{2-4-24}$$

$$B/SF = \beta(i - i^* - \Delta s^e) \tag{2-4-25}$$

$$b - s - f = \alpha + \beta(i - i^* - \Delta s^e) \tag{2-4-26}$$

$$\Delta s^e = -\theta(s - \bar{s}) + (\Pi - \Pi^*) \tag{2-4-27}$$

$$s - \bar{s} = -(1/\theta)[(i - \Pi) - (i^* - \Pi^*)]$$
$$+ (1/\theta)[i - i^* - \Delta s^e] \tag{2-4-28}$$

$$\bar{s} = (m - m^*) - \phi(y - y^*) + \lambda(\Pi - \Pi^*) \tag{2-4-29}$$

$$s = (m - m^*) - \phi(y - y^*) + \lambda(\Pi - \Pi^*)$$
$$\quad - (1/\theta)[(i - \Pi) - (i^* - \Pi^*)]$$
$$\quad + (1/\theta)[i - i^* - \varDelta s^e] \tag{2-4-30}$$

$$s = (m - m^*) - \phi(y - y^*) + \lambda(\Pi - \Pi^*)$$
$$\quad - (1/\theta)[(i - \Pi) - (i^* - \Pi^*)] +$$
$$\quad [1/(\theta\beta)][b - s - f - \alpha] \tag{2-4-31}$$

$$s = \frac{\alpha}{\theta\beta + 1} + \frac{\theta\beta}{\theta\beta + 1}(m - m^*) - \frac{\theta\beta\phi}{\theta\beta + 1}(y - y^*)$$
$$\quad + \frac{\beta(\theta\lambda + 1)}{\theta\beta + 1}(\Pi - \Pi^*) - \frac{\beta}{\theta\beta + 1}(i - i^*)$$
$$\quad + \frac{1}{\theta\beta + 1}(b - f) \tag{2-4-32}$$

(2-4-24)식은 (2-2-21)식과 동일한 환율결정방정식이고, (2-4-26)식은 포트폴리오 밸런스 모형의 총자산 수요방정식인 (2-4-25)식의 자연대수 형태식이다. 통화론적 모형과 포트폴리오 밸런스 모형의 종합은, (2-4-24)식에서 위험프리미엄이 존재하지 않는다는 커버되지 않은 이자평가조건을 자본의 불완전한 대체가능성 조건인 (2-4-26)식으로 대체하여 이루어지게 된다.

기내방정식 (2-4-27)식에서 명목이자율격차를 가감하면, 환율이 실질이자율격차와 위험프리미엄에 비례하여 장기 값으로부터 이탈한다는 것을 의미하는 (2-4-28)식이 유도된다. (2-4-29)식을 (2-4-28)식에 대입하면 (2-4-30)식이 유도된다. (2-4-30)식에서 실질이자율격차가 零이고 위험프리미엄이 零이면

62

(2-4-30)식은 (2-2-10)식과 동일하게 된다. 그리고 위험프리미엄은 零이지만, 실질이자율격차가 존재한다면 (2-4-30)식은 (2-2-21)식과 동일하게 된다.

(2-4-30)식에서 환율은 실질이자율격차를 야기하는 경직적인 재화가격뿐만 아니라 위험프리미엄을 야기하는 채권의 불완전한 대체가능성으로 인해 균형 값으로부터 이탈한다. (2-4-26)식을 (2-4-30)식에 대입하면 (2-4-31)식이 유도되고 (2-4-31)식을 다시 환율에 대하여 정리하면 통화론적 모형과 포트폴리오 밸런스 모형을 종합한 종합자산 모형의 환율결정 방정식인 (2-4-32)식이 유도된다.

따라서 종합자산 모형의 환율결정방정식 (2-4-32)식에 의하면, 환율은 상대 통화공급, 상대 실질소득, 기대 인플레이션율격차, 이자율격차, 그리고 상대 채권공급에 의해 결정된다. 즉, 국내외 통화공급비율의 증가, 국내외 인플레이션율격차의 증가, 그리고 국내외 채권공급비율의 증가는 환율을 상승시키는 반면에 상대 실질소득의 증가와 국내외 이자율격차의 증가는 환율을 하락 시킨다는 것을 알 수 있다.

제5절 환율결정이론의 종합

지금까지 논의한 환율결정이론의 각 모형에서 나타난 환율변동과 통화공급, 실질소득, 명목이자율, 기대 인플레이션율,

그리고 증권공급 등 거시경제변수와의 상관관계를 종합하면 <표 2-1>과 같다.

<표 2-1> 환율결정이론의 종합

모형 / 변수	전통적 플로우 접근방법	현대적 자산시장 접근방법				
		통화론적 접근방법			포트폴리오 밸런스 모형	종합 자산 모형
		통화론자 모 형	오버슈팅 모 형	금리격차 모 형		
통화공급 ($m - m^*$)		+	+	+		+
실질소득 ($y - y^*$)	+	−	−	−		
명목이자율 ($i - i^*$)	−	+	−	−	−	−
기대인플레율 ($\pi - \pi^*$)		+		+		+
증권공급 ($b - f$)					+	+

주) +, − 부호는 각각 환율의 상승과 하락을 나타낸다.

그런데 <표 2-1>에 나타난 것처럼 환율결정에 대한 접근방법이나 모형에 따라 거시경제변수의 부호가 상이하게 나타나는 경우가 존재한다.

먼저 전통적 플로우 접근방법과 통화론자 모형을 비교·평가하면, 전통적 플로우 접근방법에서는 자국의 실질소득의 증가가 자국의 수입수요를 증가시키고 그에 따라 외국화폐에 대한 수요가 증가하여 환율이 상승한다. 또한 자국 이자율의 상승은 자국의 수입수요 감소 및 자본유입을 초래하여 환율은 하락한다.

그러나 통화론자 모형의 경우, 자국의 실질소득의 증가는 화폐수요를 증가시키고 이에 따른 물가하락은 구매력평가조건에 따라 환율의 하락을 야기한다. 또한 이자율의 상승은 자국통화에 대한 수요를 감소시킨다. 이러한 화폐수요의 감소는 화폐시장의 균형을 위해 물가상승과 그에 따른 환율의 상승을 초래한다.

그리고 통화론자 모형과 오버슈팅의 모형에서도 이자율의 부호가 상이하게 나타나고 있다. 이것은 통화론자 모형에서 신축적인 물가를 가정하는 반면에, 오버슈팅 모형에서는 경직적인 물가를 가정하기 때문이다. 즉, 오버슈팅 모형에서는 환율과 자산시장의 조정이 재화시장의 조정에 비해 신속하게 이루어진다고 가정하기 때문이다.

이와 같이 환율결정이론에 따라 환율결정 모형에 포함되는 거시경제변수뿐만 아니라 거시경제변수의 부호도 상이하게 나타나고 있다. 또한 거시경제변수가 환율에 영향을 미치는 메카니즘도 상이하게 나타나고 있다. 이러한 결과는 분석대상 시장의 범위, 시장 간 조정속도, 자본의 대체성 정도, 물가의 조정속도 등에 대한 분석 시각이 상이하기 때문이다.

따라서 환율결정 모형에 포함되는 거시경제변수의 범위와 부호, 그리고 환율의 결정메카니즘에 대한 타당성 여부는 일국의 경제여건을 반영한 실증분석을 통하여 판단할 수밖에 없을 것이다.

제3장 기존 실증분석의 검토

본 장에서는 환율의 변동성과 제2장의 환율결정이론에서 제시된 환율과 거시경제변수 간의 관계 즉, 환율과 물가, 통화량, 소득, 이자율, 그리고 국제수지 사이의 관계에 대한 기존의 실증분석결과를 검토한 후, 그것이 갖는 방법상의 문제점을 제시하고자 한다.

제1절 환율의 변동성

1970년대 초반 주요 선진국들의 환율제도가 고정 환율제도에서 변동 환율제도로 이행된 이후 환율은 큰 폭의 변동성을 보여왔다. 그리고 대부분의 실증분석결과도 이러한 현상을 뒷받침하고 있다.

Caporale and Doroodian(1995)은 고정 환율제도 기간(1957: Ⅱ-1973: Ⅰ)과 변동 환율제도 기간(1973: Ⅱ-1993: Ⅳ)에서 마르크/달러화 환율의 GARCH(genera-lized autoregressive conditional heteroscedasticity) 모형을 이용한 조건부 분산과 무조건부 분산을 추정하였다. 그 결과, 환율의 변동성이 고정 환율제도 기간에 비하여 변동 환율제도 기간에서 지속적으로 증가하였을

뿐만 아니라 조건부 분산의 추정결과는 무조건부 분산의 추정
결과보다 환율의 변동성이 훨씬 큰 것으로 나타났다고 주장하
고 있다. 이환호(1995)도 1973년 주요 선진국들이 변동 환율제
도로 이행한 이후 엔/달러화 환율이 기대와는 달리 중장기적
으로 큰 폭의 변동을 보여 왔다고 주장한다. 그리고 김진옥과
김정식(1995)은 1970년대 초 주요 선진국들이 변동 환율제도
를 시행하게 되자 이들 국가들의 실질 환율이 분산을 기준으
로 고정 환율제도하에서보다 약 8~80배 이상 과도하게 변동
하였다고 밝히고 있다. 이들은 또한 원/달러화 실질 환율의 분
산이 변동 환율제도 기간(1980-1990)에서 고정 환율제도 기간
(1974. 12-1979. 12)보다 1.7배 크게 나타나 변동 환율제도 기
간에서의 환율이 더 크게 변동하였다고 밝히면서, 그러한 실질
환율변동의 원인을 재정-금융정책을 통한 정부의 정책적 개
입에서 찾고 있다.

그러나 우리나라 변동 환율제도하의 환율 변동성에 대한
실증분석결과는 서로 상이하게 나타나고 있다. 즉, 복수통화
바스켓 환율제도(1980. 3-1990. 2) 기간과 시장평균 환율제도
(1990. 3 이후) 기간에서의 환율 변동성, 그리고 시장평균 환
율제도하에서 환율의 일일변동 허용폭 확대에 따른 환율 변
동성에 대한 실증분석결과는 다음과 같이 서로 상이하게 나
타나고 있다.

첫째, 복수통화바스켓 환율제도에서 시장평균 환율제도로
이행함에 따라 환율의 변동성이 감소하였을 뿐만 아니라 시
장평균 환율제도하에서 환율의 일일변동 허용폭이 확대됨에

따라 환율의 변동성이 감소하였다는 연구결과이다. 먼저, 이
우리와 김기흥(1994)은 복수통화비스켓 환율제도 기간(1980.
1-1990. 2)과 시장평균 환율제도 기간(1990. 3. 3-1993. 2)에
서 Behren-Fisher의 T검정과 분산비에 대한 F검정을 수행하
여 시장평균 환율제도하에서의 환율변동이 상대적으로 더 안
정적이라는 결과를 얻었다. 그리고 시장평균 환율제도하에서
일일변동 허용폭이 확대됨에 따라 환율의 변동이 감소하였다
는 것을 실증하였으며, 그 원인을 외환시장의 수요공급, 이자
율, 금융기관의 외환포지션조정 등에 대한 정부의 간접적인
규제에서 찾고 있다. 그리고 양준모(1996)는 월별 자료(1986.
2-1994. 12)를 가지고 표준편차를 이용하여 시장평균 환율제
도 실시 이후에 환율변동이 크게 감소하였다는 결과를 얻었
다. 따라서 시장평균 환율제도의 실시가 환율의 변동을 심화
시켰다는 증거를 찾기 힘들뿐만 아니라 일일변동 허용폭이
확대된 이후(1993. 10-1994. 12)에도 환율의 변동이 감소하였
다고 설명하고 있다. 또한 자산시장이 상품시장보다 환율변
동에 더 많은 영향을 준다는 사실을 실증하고 자본자유화 등
으로 이러한 경향은 더욱 심화되리라고 예상하고 있다. 또한
최진석(1998)도 월별 자료(1980. 1-1996. 12)를 이용하여 복수
통화바스켓 환율세도 기간보다 시장평균 환율제도 기간에서
환율변동이 감소하였다고 밝히고 있다. 그리고 환율의 일일
변동 허용폭 확대가 반드시 환율의 변동을 증가시키지는 않
는다고 설명하면서 정부가 환율변동에 영향을 주는 요인들을
간접적으로 조정할 경우, 환율의 변동은 안정될 수 있다고

주장하고 있다.

둘째, 복수통화바스켓 환율제도에서 시장평균 환율제도로 이행함에 따라 환율의 변동성은 증대하였지만 시장평균 환율 제도하에서 환율의 일일변동 허용폭의 확대와 환율 변동성 사이에는 일정한 관계가 없다는 연구결과이다. 예종홍(1993) 은 일일자료(1990. 1-1992. 7)의 기초통계량을 가지고 전체 표본 기간, 복수통화바스켓 제도 기간, 그리고 시장평균 환율 제도 기간으로 구분한 후, 시장평균 환율제도 기간을 다시 환율의 일일변동 허용폭 변화에 따라 ±0.4% 기간, ±0.6% 기 간 및 ±0.8% 기간으로 세분하여 표준편차로 원/달러화 환율 의 변동률을 분석하였다. 그 결과, 복수통화바스켓 제도 기간 에 비해 시장평균 환율제도 기간에서 환율의 변동이 더 크다 는 것과 시장평균 환율제도 기간에서 환율의 일일변동 허용 폭과 환율의 변동률 사이에는 일정한 관계가 없다는 결과를 얻었다.

셋째, 시장평균 환율제도하에서 환율의 일일변동 허용폭이 확대됨에 따라 환율의 변동성이 증대되었다는 연구결과이다. 김종선(1997)은 주별 자료를 가지고 GARCH 모형을 이용하 여 시장평균 환율제하의 일일변동 허용폭과 환율의 변동성을 분석하였다. 그는 일일변동 허용폭이 작은 기간(1991. 9-1994. 10)에서는 일일변동 허용폭과 환율의 변동성 사이에 유의한 정(正)의 상관관계를 발견하지 못하였으나 일일변동 허용폭 이 확대된 기간(1994. 11-1997. 6)에서는 통계적 유의성이 존 재한다는 결과를 얻었다. 따라서 환율의 일일변동 허용폭의

확대가 환율의 변동성을 증가시킨다는 이론적 논의와 합치된
나고 주장하고 있다.

다음으로 원/달러화 환율과 원/엔화 환율의 변동성을 비
교·분석한 연구결과를 살펴보면, 이근영(1997)은 월별 자료
(1985. 4-1996. 12)를 이용하여 원/달러화 환율과 원/엔화 환
율의 변동성을 측정하였다. 그리하여 원/엔화 환율의 표준편
차가 원/달러화 환율의 표준편차에 비해 크다는 결과를 얻었
는데, 그 원인을 원/달러화 환율의 일일변동 허용폭은 제한되
어 있는 반면에 원/엔화 환율은 그런 제한이 없기 때문이라
고 설명하고 있다. 또한 분기별 환율변화율과 연별 환율변화
율 기준으로는 월간 환율변화율의 표준편차보다 각각 2배 정
도, 그리고 4배 이상 크다는 것을 실증하였다. 아울러 원/엔
화 환율의 월간 변화율은 원/달러화 환율의 경우와 달리 시
장평균 환율제도 도입 시점 전후로 큰 차이를 보이지 않고
있다고 설명하고 있다.

이상의 고정 환율제도에서 변동 환율제도로의 이행에 따른
환율의 변동성과 우리나라의 복수통화바스켓 환율제도로부터
시장평균 환율제도로의 이행에 따른 환율의 변동성, 시장평
균 환율제도하에서 환율의 일일변동 허용폭의 확대에 따른
환율의 변동성, 그리고 원/달러화 환율과 원/엔화 환율의 변
동성에 대한 기존의 분석결과를 요약하면 <표 3-1>과 같다.

<표 3-1> 환율의 변동성에 대한 기존의 분석결과

구 분 연구자	분석 환율	분석 기간	분석방법 및 기준	분석결과
Caporale & Doroodian (1995)	마르크/ 달러	1957: II -1973: I	GARCH, 분산	환율의 변동성 증가*
		1973: II -1993: IV		
김진욱 & 김정식(1995)	원/달러	1974. 12-1979. 12	분산	환율의 변동성 증가*
		1980. 1-1990. 12		
이환호(1995)	엔/달러			환율의 변동성 증가*
이우리 & 김기흥(1994)	원/달러	1980. 1-1990. 2	T검정 F검정	환율의 변동성 감소* 변동폭 확대→변동성 감소**
		1990. 3. 3-1993. 2		
양준모(1996)	원/달러	1986. 2-1990. 2	표준편차	환율의 변동성 감소* 변동폭 확대→변동성 감소**
		1990. 3-1994. 12		
최진석(1998)	원/달러	1980. 2-1990. 2	표준편차	환율의 변동성 감소* 변동폭 확대→변동성 무관**
		1990. 3-1996. 12		
예종홍(1993)	원/달러	1990. 1. 3-1990. 2. 28	표준편차	환율의 변동성 증가* 변동폭 확대→변동성 무관**
		1990. 3. 3-1992. 7. 31		
김종선(1997)	원/달러	1991. 9-1994. 10	GARCH	변동폭 확대→변동성 무관**
		1994. 11-1997. 6		변동폭 확대→변동성 증가**
이근영(1997)	원/엔 원/달러	1985. 4-1996. 12	표준편차	원/달러화 환율변동성 < 원/엔화 환율변동성

주 1) *: 분석 기간에 따른 환율의 변동성을 나타낸다.
  2) **: 시장평균 환율제도하의 분석 기간에서 환율의 일일변동 허용폭에 따른 환율
     의 변동성을 나타낸다.

이상에서 살펴본 바와 같이 고정 환율제도에서 변동 환율
제도로의 이행에 따른 환율의 변동성 여부에 대한 실증분석
결과는 변동 환율제도하에서 환율의 변동성이 증대되었다는

일치된 결과를 보이고 있다.

그러나 우리나라 환율제도의 변화에 따른 환율의 변동성에 대한 분석결과는 서로 상이하게 나타나고 있다. 즉, 복수통화바스켓 환율제도에서 시장평균 환율제도로 이행함에 따라 환율의 변동성이 감소하였다는 분석결과와 아울러 오히려 환율의 변동성이 증대되었다는 상반된 실증분석결과가 나타나고 있다.

그리고 시장평균 환율제도하에서 환율의 일일변동 허용폭 확대에 따른 환율의 변동성 여부에 대해서도 환율의 변동성이 감소하였다는 결과와 이와는 반대로 환율의 변동성이 증대되었다는 결과, 그리고 환율의 일일변동 허용폭과 환율의 변동성 사이에 일정한 관계가 존재하지 않는다는 결과가 나타나고 있다.

아울러 복수통화바스켓 환율제도 기간과 시장평균 환율제도 기간에서 원/엔화 환율의 변동성이 원/달러화 환율의 변동성보다 클 뿐만 아니라 원/엔화 환율은 원/달러화 환율과는 달리 시장평균 환율제도 도입 시점 전후로 큰 차이를 보이지 않는다는 실증분석결과도 제시되고 있다.

제2절 구매력평가(PPP)

근대 환율결정이론 특히, 통화론적 접근방법과 종합자산모형의 기초를 이루고 있는 구매력평가(PPP)는 양국 통화

간 균형 환율이 양국 물가수준의 비율과 일치함을 의미한다. 그러나 많은 실증분석결과, 단기에서는 일반적으로 구매력평가가 성립하지 않는다고 밝혀진 반면에(Frenkel, 1981), 장기 구매력평가 성립여부에 대해서는 서로 상반된 결과가 나타나고 있다.

먼저 장기 PPP가 성립한다는 외국자료를 이용한 실증분석 결과를 살펴보면 다음과 같다.

Taylor and McMahon(1988)은 월별 도매물가지수자료(1921. 2-1925. 5)를 가지고 공적분 검정을 이용하여 분석한 결과, 장기균형조건으로서 PPP를 지지하는 결과를 얻었다. Liu(1992)도 라틴아메리카 국가들의 소비자물가지수와 생산자물가지수를 가지고 공적분 검정을 통하여 구매력평가가 성립할 수 있음을 주장하였다. 그리고 Pippenger(1993)는 공적분 검정을 이용하여 월별 생산자물가지수자료(1973. 1-1988. 6)를 가지고 스위스를 중심으로 장기균형조건으로서 구매력평가(PPP)를 검정하여 9가지 경우 가운데 7가지 경우에서 PPP가 성립한다는 것을 발견하였다. Abuaf and Jorion(1990)은 연별 자료 (1900-1972)를 가지고 자동회귀방법을 이용하여 장기 PPP가 성립한다는 결과를 제시하였다. 또한 Serletis(1994)는 다변량 벡터자동회귀방법(multi-variate vector autoregressive model)을 이용하여 분기별 소비자물가지수(1973: I -1992: I)에 대해 분석한 결과, 장기 PPP가 성립한다는 결과를 얻었다. 그는 분석결과가 자료분석 기간의 길이에 영향을 받을 수 있다고 주장하고 있다. 이외에도 많은 실증분석결과가 PPP 가설을 지지

하는 것으로 나타났다.[25]

그러나 위와 같은 장기 PPP가 성립한다는 결과와는 반대로 장기 PPP가 성립하지 않는다는 실증분석결과도 제시되고 있다.

Frenkel(1981)은 1970년대에 구매력평가가 성립하지 않는다는 실증분석결과를 얻었다. Frenkel은 환율이 두 통화 간의 상대가격이 아니라 외환이라는 자산의 가격이기 때문에 기대에 매우 민감하고, 기대를 변경시키는 '뉴스'에 의해 물가수준보다 크게 변동하게 되어 구매력평가로부터의 이탈이 예외가 아니라는 점을 강조하였다. 즉, 상품의 가격은 가격조정에 따른 비용과 미래보다는 현재와 과거의 상황을 더 반영하여 경직성을 띠는 반면에 자산가격으로서의 환율은 기대의 변화가 존재할 때 즉각적으로 조정된다는 것이다. 따라서 크고 빈번한 기대의 변화를 야기한 1970년대에 구매력평가가 성립하지 않는다고 주장하고 있다. Adler and Lehmann(1983)은 실질 환율이 불규칙행보(random walk) 과정을 따르기 때문에 구매력평가로부터 이탈함을 검증하였다. 그리고 Corbae and Ouliaris(1988)는 공적분 검정을 이용하여 월별 소비자물가지수(1973. 7-1986. 12)를 가지고 장기균형관계로서 구매력평가가 성립하지 않는다는 실증분석결과를 제시하고, 그 원인을 실물적 교란(real distur-bance)에서 찾고 있다. Mark(1990)는 월별 소비자물가지수(1973. 6-1988. 2)를 가지고 공적분 검정을 하여 장기 PPP

---

25) Officer(1976), Davuytan and Pippenger(1985), Rush and Husted (1985) 그리고 Johansen(1987) 등 참조.

가 성립하지 않는다고 주장하였다. 이외에도 많은 실증분석결과, PPP가 성립하지 않음을 나타내고 있다.[26]

또한 Ardeni and Lubian(1991)은 잔차에 기초한 공적분 검정을 이용하여 환율과 가격의 장기균형관계로서 PPP에 대하여 실증분석을 실시한 결과, 월별 명목환율과 소비자물가지수(1957. 1-1985. 12) 사이에 구매력평가가 성립하지 않는다는 결과를 얻었다. 특히, 고정 환율 기간과 변동 환율 기간동안의 환율과 물가 간의 관계에서 어떠한 차이도 없음을 밝혔다. 그러나 연별 환율과 도매물가지수자료(1978-1985)를 가지고는 장기균형의 경향이 명백하다고 밝힘으로써 PPP가 성립하지 않는다는 결과와 함께 성립한다하는 결과를 동시에 제시하고 있다.

다음으로 한국자료를 이용한 실증분석결과를 살펴보면, 위의 외국자료를 이용한 결과와 마찬가지로 구매력평가의 성립여부에 대해 서로 상반된 연구결과가 나타나고 있다.

윤용만(1991)은 분기별 생산자물가지수(1980-1989)에 대해 연립방정식을 이용하여 원/달러화와 원/엔화 환율을 추정한 결과, 구매력평가가 장기적 관점에서 성립함을 보여주고 있다. 이영식(1996)은 한국을 비롯한 주요 선진국의 월별·분기별 자료(1973. 1-1993. 12)를 가지고 공적분 검정을 한 결과, 분석자료의 종류와 분석기법에 따라 국별로 서로 다른 상이한 분

---

26) Roll(1979), Pippenger(1982), Darby(1983), Cumby and Obstfeld (1984), Hakkio(1984), Frankel(1986), Huang(1987), McNown and Wallace (1988) 등은 실질 환율이 불규칙행보 과정을 따르기 때문에 PPP로부터 이탈되는 경향이 있다고 보고 있다.

석결과를 얻었다. 특히, 다변량 공적분 검정의 경우 명목환율과 국내외 물가차이 사이에 공적분관계가 존재한다고 할지라도 절대 PPP가 안정적이지 않아 PPP가 장기균형관계로부터 유의적으로 이탈할 수 있음을 밝혔다. 그는 그 원인을 거시경제변수에 대한 각국의 측정오차상의 문제와 PPP 균형관계에 영향을 미치는 제 요인들을 고려하지 않음으로써 비롯된 모형의 설정오류에서 찾고 있다. 그리고 한국의 경우 2변량 공적분 검정법을 이용한 생산자물가지수의 경우에만 절대 PPP의 균형관계가 안정적으로 성립되고 있음을 보이고 있다.

반면에 김종식(1990)은 복수통화바스켓 제도(1980년대)하에서 2단계 최소자승법과 공적분 검정법을 이용하여 미국을 비롯한 선진 5개국에 대한 원화 환율의 장·단기 구매력평가의 성립여부를 검정하였다. 그 결과, 단기뿐만 아니라 장기적으로도 구매력평가설을 따랐다는 실증적 증거를 찾기 어렵다고 밝히면서 그 원인을 외환통제에서 찾고 있다. 박원암(1991)은 한국의 실질 환율(1980:Ⅰ-1989:Ⅳ)이 단위근을 가진 불안정적 시계열인 것으로 나타나 구매력평가가 성립하지 않는다는 증거로 볼 수 있다고 주장하면서, 화폐적·실물적 요인이 실질 환율에 영향을 주었음을 밝혔다. Banmani-Oskooee와 Rhee(1992)는 월별 소비자물가지수를 가지고 공적분 검징을 이용히여 원/달러화 환율의 장기구매력평가관계가 성립하지 않음을 발견하였다. 박대근(1993)은 월별 도매물가지수와 소비자물가지수(1980. 3-1992. 10)를 가지고 Granger 인과관계 검정과 회귀분석을 이용하여 원/달러화 환율의 장기구매력평가가 성립하지 않음

을 보였다. 그리고 그러한 PPP로부터의 이탈이 가격경직성뿐
만 아니라 항구적인 실물적 교란요인에 의해서도 발생될 수
있다고 주장하였다. 또한 박대근(1995)은 월별 소비자물가지수
와 도매물가지수(1980. 3-1993. 4)를 가지고 J_1 공적분 검정기
법을 이용하여 원/달러화 환율의 장기구매력평가가 성립하지
않는다는 결과를 얻었다.

그리고 모수원(1992)도 월별 자료(1980:3-1991:9)를 이용하
여 공적분 검정기법 등으로 분석한 결과, 단기뿐만 아니라
장기에서도 구매력평가가 성립하지 않음을 명확히 밝히고 있
다. 김정식(1992), 그리고 김정식과 김진옥(1993)은 월별 원/
달러화 명목환율과 도매물가지수(1970. 1-1990. 12)를 가지고
전 기간을 고정 환율제도 기간과 변동 환율제도 기간(1980.
2 이후)으로 구분하고, 단위근 검정과 공적분 검정을 하였다.
그 결과, 실질 환율이 모든 분석 기간에서 단위근을 가짐으
로써 장기 구매력평가가 유지되지 않는다고 밝히고 있다. 그
리고 김정식(1992)은 그 원인을 통화당국에 의한 과도한 환
율결정에의 개입 및 각종 교란에서 찾고 있다.

그런데 정근존(1995)은 소비자물가지수와 생산자물가지수자
료(1980-1993)를 가지고 한국의 주요 무역 상대국에 대해 공
적분 검정법을 이용하여 분석하였다. 검정결과, 시계열자료의
빈도수, 그리고 상대국에 관계없이 환율과 소비자물가지수로
구성된 상대물가 사이에는 공적분이 존재하여 구매력평가설
을 기각할 수 없는 반면에 생산자물가지수로 구성된 상대물
가와 환율과는 공적분이 존재하지 않거나 존재하더라도 구매

력평가설이 성립하지 않음을 밝히고 있다. 최인(1997)은 월별 소비자물가시수(1990. 3-1997. 6)를 가지고 Durlauf(1991)의 스펙트럴 검정량과 Andrews and Ploberger(1996)의 적정검정량을 이용하여 분석하였다. 그 결과, 원화의 대미, 대캐나다 실질 환율은 랜덤워크 과정을 따르나 대일본, 대영국 실질 환율에는 시계열상관이 존재한다는 결과를 제시하면서 작은 표본에 의거한 결과임을 유의하여야 한다고 하였다.

이상의 장기구매력평가의 성립 여부에 대한 기존의 실증분석결과를 요약하면 <표 3-2>와 같다.

따라서 통화론적 접근방법과 종합자산 모형의 기초를 이루고 있는 구매력평가(PPP)의 성립 여부에 대한 외국자료를 이용한 결과뿐만 아니라 한국자료를 이용한 실증분석결과도 상이하게 나타나고 있음을 알 수 있다.

이와 같이 상이한 연구결과가 나타나는 원인을 모수원(1994)은 분석 기간 선정상의 차이, 공적분(cointegration)기법 사용상의 차이, 물가지수 선택상의 차이, 그리고 임의적으로 선택되는 시차(lag)수에 의한 차이 때문이라고 밝히고 있다. 또한 정근존(1995)도 표본 기간 선정의 문제, 물가지수 선정의 문제, 사용되는 시계열자료의 빈도의 정도(degree of frequency)문제, 사용된 실증분석의 방법론 등의 문제에 기인한다고 설명하고 있다. 아울러 이영식(1996)은 분석 모형에 대한 제약성의 정도, 데이터 샘플링방법, 분석대상국과 분석 기간의 선정, 계량경제학적 분석기법 등의 차이에서 그 원인을 찾고 있다.

 이러한 구매력평가설은 장기균형 환율을 분석하는 도구로
서 널리 사용되어 오고 있으나 가설자체가 너무 단순하여 경
제현실의 움직임을 정확하게 예측하는 데에는 한계가 있는
것으로 지적되고 있다.(이환호, 1994) 또한 구매력평가설은
경상수지가 불균형일 때 환율결정이론으로서 적합하지 못하
다는 주장도 제기되고 있는데, 이것은 장기균형의 관점에서
구매력평가설에 의하여 두 시점의 균형 환율을 평가하고자
하는 경우 기준시점과 비교시점에서 경상수지가 균형을 유지
하고 있어야 할 뿐만 아니라 두 시점 간에 순외화자산의 변동
도 없어야 하기 때문이다. 환언하면 경상수지의 불균형은 순
외화자산의 증감을 초래하고 이것은 다시 부의 효과(wealth
effect)를 통하여 경상수지에 영향을 주어 환율의 변동요인으
로서 작용하기 때문이다.

<표 3-2> 장기구매력평가 성립에 대한 기존의 분석결과

구 분 \ 연구자	분석변수	분석 기간	검정방법	검정결과
Taylor & McMahon(1988)	생산자물가지수	1921. 2-1925. 5	공적분	PPP 성립
Liu(1992)	소비자물가지수	1948: I -1989:IV	공적분	PPP 성립
	생산자물가지수	1948: I -1989:IV		
Pippenger(1993)	생산자물가지수	1973. 1-1988. 6	공적분	PPP 성립
Abuaf & Jorion(1990)	소비자물가지수	1973-1987	AR	PPP 성립
Serletis(1994)	소비자물가지수	1973: I -1992: I	MVAR	PPP 성립
Frenkel,(1981)	소비자물가지수	1921. 2-1925. 5	2SLS	PPP 성립
	생산자물가지수	1973. 6-1979. 7		PPP 불성립
Adler & Lehmann(1983)	소비자물가지수	1915-1972	AR	PPP 불성립
	생산자물가지수	1900-1972		
Corbae & Ouliaris(1988)	소비자물가지수	1973. 7-1986. 12	공적분	PPP 불성립
Mark(1990)	소비자물가지수	1973. 6-1988. 2	공적분	PPP 불성립
Ardeni & Lubian(1991)	소비자물가지수	1957. 1-1985. 12	공적분	PPP 불성립
	생산자물가지수	1978-1985	공적분	PPP 성립
윤용만(1991)	생산자물가지수	1980. I -1989.IV	연립방정식	PPP 성립
이영식(1996)	소비자물가지수	1973. 1-1993. 12	공적분	PPP 불성립
	생산자물가지수			PPP 성립
김종식(1990)	소비자물가지수 생산자물가지수	1980. 1-1990. 2	2SLS, 공적분	PPP 불성립
박원암(1991)	실질 환율	1980: I -1989:IV	단위근	PPP 불성립
박대근(1993)	소비자물가지수 생산자물가지수	1980. 3-1992. 10	Granger 회귀분석	PPP 불성립
박대근(1995)	소비자물가지수 생산자물가지수	1980. 3-1993. 4	공적분	PPP 불성립
김정식 & 김진옥(1993)	생산자물가수	1970. 1-1979. 12	단위근 공적분	PPP 불성립
		1980. 2-1990. 12		PPP 불성립
정근존(1995)	소비자물가지수	1980-1993	공적분	PPP 성립
	생산자물가지수			PPP 불성립
최인(1997)	소비자물가지수	1990. 3-1997. 6	스펙트럴	PPP 불성립

주) 분석대상국이 다수인 경우 분석 기간이 국가 간 상이할 수 있다.

제3절 환율과 거시경제변수 간의 관계

제2장에서 살펴본 전통적 플로우 접근방법과 현대적 자산시장 접근방법에 의한 환율결정이론은 기본적으로 환율이 거시경제변수에 의해 결정된다는 것이다. 그러나 현실적으로는 환율이 거시경제변수에 의해 영향을 받을 뿐만 아니라 영향을 줄 수도 있다. 따라서 여기에서는 환율과 거시경제변수 간의 인과관계를 중심으로 기존의 실증분석결과를 고찰하고자 한다.

1. 환율과 물가

변동 환율제도하에서 환율의 상승은 수입상품의 국내가격을 상승시켜 물가상승을 유발하고 이것은 다시 연속적으로 환율의 상승을 유발한다는 즉, 환율과 물가가 서로 밀접한 연관성을 가지고 변동한다는 이론의 성립 여부를 판단하기 위해 환율과 물가 사이의 인과관계에 대한 실증분석결과를 고찰하고자 한다.

Gutierrez-Cammara and Hub(1983)는 15개 선진국들의 월별 환율과 물가자료(1971. 1-1981. 10)를 가지고 인과관계 검정을 하였다. 그 결과, 캐나다, 독일, 네덜란드에서는 환율로부터 물가로의 일방적 인과관계가 나타난 반면에 핀란드, 이태리, 일본, 스페인, 스웨덴, 미국에서는 물가가 환율에 40%

의 인과관계를 갖는다는 결과를 얻었다. 또한 이들 국가들 중 이태리, 스페인, 스웨덴, 미국은 환율로부터 물가로의 피이드백관계(feedback relation)가 나타난다고 밝히고 있다. Kholdy and Sorhabian(1990)은 미국의 주요 무역상대국인 캐나다, 독일, 일본의 자료(1973. 7-1988. 9)를 가지고 분석한 결과, 환율과 소비자물가 간에는 서로 인과관계가 없지만 환율과 도매물가 간에는 서로 영향을 주고받는 피이드백관계가 존재함을 발견하였다. Rana and Dowling(1985)는 1970년대 인플레이션이 낮은 9개 아시아 개발도상국들에 대한 실증분석에서 환율변화가 인플레이션에 많은 영향을 미치지 못한다는 결론을 제시하고 있다. Rittenberg(1993)는 1980년대에 관리변동 환율제도를 채택한 터어키의 경우에 인플레이션이 환율변동에 상당히 기여한다는 결과를 보여주고 있다.[정문현(1996)에서 재인용]

이상의 외국자료를 이용한 환율과 물가 사이의 인과검정에 대한 분석결과가 상이하게 나타나듯이, 한국자료를 이용한 실증분석결과도 상이하게 나타나고 있다.

먼저 환율이 물가에 의해 영향을 받지 않고 물가에 영향을 준다는 환율로부터 물가로의 일방적 인과관계를 갖는다는 연구결과를 살펴보면 다음과 같다. 송승주(1992)는 분기별 자료(1980:Ⅰ-1991:Ⅲ)를 가지고 회귀분석한 결과, 원/달러화 환율이 원화표시 수입단가변동을 통하여 도매물가지수에 큰 영향을 주었다는 것을 밝히고 있다. 박대근(1993)도 원/달러화 환율의 구매력평가로부터의 이탈이 정보의 불완전성으로 인한

82

가격경직성에 의해 설명될 수 있는지를 파악하고자 월별 도
매물가지수와 소비자물가지수(1980. 3-1992. 10)를 이용하여
분석하였다. 그 결과, 두 물가지수가 모두 환율로부터 물가로
의 Granger 인과관계가 존재함을 보인 반면, 물가로부터 환율
로의 Granger 인과관계는 거의 존재하지 않는다는 것을 제시
하면서 환율정책이 구매력평가 위주로 이루어졌다는 주장과
는 상반된 결과라고 주장하고 있다. 또한 김윤철(1994)도 월
별 원/달러화 환율과 소비자·생산자물가지수(1982. 1-1994.
6)를 가지고 Granger 인과관계 검정법을 이용하여 분석하였
다. 그 결과, 환율에서 물가로의 일방적인 인과관계만 존재하
는 것으로 나타나, 환율과 물가 간의 악순환 현상이 발생하지
않는다고 주장한다. 그리고 행태 모형을 이용하여 환율이 국
내물가에 영향을 미치는 경로를 분석한 결과, 환율변동이 수
입소비재가격의 변화를 통하여 물가에 영향을 주기도 하지만
수입자본재나 원자재 등 수입중간재의 가격변화에 따른 생산
비 변화를 통하여 물가에 더 큰 영향을 주는 것으로 나타났다.
    그러나 모수원(1992)은 환율과 물가 사이에 서로 영향을
주고받는 즉, 환율과 물가 사이에 피이드백관계가 존재한다는
결과를 제시하고 있다. 그는 월별 자료(1980. 3-1991. 9)를 사
용하여 분석한 결과, 물가가 환율에 영향을 미칠 뿐만 아니라
환율이 국내물가에 영향을 미치는 상호 인과관계(two-way
Granger causality)를 보이고 있음을 밝히고 있다. 그리고 이
영기(1992)도 분기별 자료(1980: I -1989:IV)를 가지고 Granger
인과관계 검정법을 이용하여 원/달러화 환율과 도매물가지수

사이에 상호 인과관계가 있다는 결과를 제시하고 있다.

그런데 정문현(1996)은 분기별 자료(1980: I -1994: II)를 가지고 원/달러화 환율과 물가수준 변화 간의 Granger 인과검정과 구조적 VAR 모형을 통한 분산분해와 충격반응을 분석하였다. 결과에 따르면 일반적으로 물가가 환율에 미치는 영향보다 환율이 물가에 미치는 영향이 크지만 그 영향은 절대치 면에서 크지 않은 것으로 결론짓고 있다. Granger 인과검정결과에서는 환율로부터 도매물가로의 일방적 인과관계가 존재하지만 환율과 소비자물가 간에는 서로 영향을 미치는 악순환이 존재함을 발견하였고, 환율과 GDP 디플레이터 간에는 인과관계가 서로 없음을 밝히고 있다. 구조적 VAR 모형에 의한 분산분해의 분석에서는 모든 물가변수에 대한 환율의 영향이 그 반대의 경우보다 커서 환율이 정책변수로서 외생적 성격을 띠고 있는 것으로 나타났다.

이상의 환율과 물가 사이의 인과관계에 대한 분석결과를 살펴보면, 환율로부터 물가로의 일방적인 인과관계, 환율과 물가 사이의 상호 인과관계, 그리고 환율과 물가 사이에 인과관계가 존재하지 않는다는 상이한 결과가 나타나고 있다. 그런데 특이한 것은 우리나라의 자료를 이용한 실증분석결과에서는 물가로부터 환율로의 일방직인 인과관계만 존재하는 경우가 나타나고 있지 않다는 점이다.

이와 같이 연구결과가 상이하게 나타나는 원인은 분석 기간 선정상의 차이, 물가지수 선정상의 차이, 시계열자료의 빈도 차이, 분석기법상의 차이, 그리고 임의적으로 선택되는 시차수의 차이에 기인한다고 할 수 있다.

2. 환율과 통화량

환율과 통화량 간의 인과관계 검정결과도 환율과 물가 사이의 인과관계 검정결과처럼 상이하게 나타나고 있다.

김진옥(1993)은 월별 원/달러화 실질 환율과 원/엔화 실질 환율자료(1970-1989)를 가지고 고정 환율제도 기간(1970-1979)과 변동 환율제도 기간(1980-1989)에서 상대적 통화량(M1)에 대한 인과관계 검정을 하였다. 검정결과, 두 환율제도 기간에서 원/달러화 실질 환율과 원/엔화 실질 환율이 모두 상대적 통화량(M1)과 상호인과관계가 없다는 결과를 얻었다.

그리고 김진옥과 양태석(1993)은 월별 자료(1980. 1-1990. 12)를 사용하여 분석한 결과, 상대적 통화량(M1)이 원/달러화 실질 환율과 명목환율에 의해 영향을 받지만, 명목환율은 그 자신의 과거값에만 영향을 받는 반면에 실질 환율은 상대적 통화량에 의해 영향을 받는다고 결과를 얻었다. 그리고 원/엔화 환율은 완전히 독립적인 시계열임을 밝히고 있다. 이현재(1997)는 연간자료(1960-1995)를 가지고 실질본원통화와 실질총통화를 기준으로 Johansen-Juselius 공적분 검정을 수행한 결과, 실질통화량의 증가가 원/달러화 환율을 상승시킨다는 결과를 얻었다.

3. 환율과 소득

　김진옥(1993)은 월별 자료(1970-1989)를 가지고 고정 환율제도 기간에서 원/달러화 실질 환율과 상대적 소득(산업생산지수)은 상호 인과관계가 없지만 변동 환율제도 기간에서는 원/달러화 실질 환율이 상대적 소득에 의해 영향을 받는다는 인과관계 검정결과를 얻었다. 그리고 원/엔화 실질 환율은 두 환율제도 기간에서 상대적 소득과 상호 인과관계가 없음을 밝히고 있다.

　그리고 김진옥과 양태석(1993)은 월별 자료(1980. 1-1990. 12)를 사용하여 분석한 결과, 원/달러화 실질 환율은 상대적 소득(산업생산지수)에 의해 영향을 받는 반면에 원/달러화 명목환율은 상대적 소득과 상호 인과관계가 없는 것으로 나타났다. 또한 원/엔화 실질·명목환율은 상대적 소득과 상호 인과관계가 없다는 결과를 얻었다.

　이현재(1997)는 연간자료(1960-1995)를 가지고 Johansen-Juselius 공적분 검정법을 이용하여 실질소득의 증가가 원/달러화 환율을 하락 시킨다는 결과를 얻었다. 그리고 이러한 결과는 실질소득의 증가가 화폐수요의 증가를 통해 이자율을 상승시키고, 이에 따라 자본이 해외로부터 유입되어 환율이 하락한다는 통화론자의 이론을 뒷받침한다고 설명하고 있다.

4. 환율과 이자율

시장평균 환율제도로의 이행과 자본시장 개방으로 인하여 외환시장과 국내단기금융시장 간의 금리차이를 노린 이자재정 거래가 발생할 수 있는 가능성이 높아지고 있다. 또한 국내금융시장과 외환시장의 상호연계성도 증대되고 있는데, 환율과 이자율 사이의 인과관계 검정결과를 살펴보면 다음과 같다.

김종선과 이민원(1992)은 원/달러화 환율과 은행 간 콜금리, 외국은행 간 콜금리, 단자사 간 콜금리, 전체콜금리, 통화 채수익률, 회사채유통수익률의 일별 자료(1990.7.2-1991.5.1)를 가지고 Granger 기법, Sims 기법, 그리고 Geweke-Meese-Dent 기법을 이용하여 환율과 이자율 간의 인과관계를 검정하였다. 분석결과, 3가지 기법 모두에서 환율로부터 은행 간 콜금리와 전체 콜금리로의 인과관계가 존재함을 입증하였다. 그리고 이것은 환차익을 기대한 금융기관의 금리재정거래로 인해 환율의 변화가 국내콜금리에 영향을 미친 것으로 설명하고 있다. 그리고 Sims와 Geweke-Meese-Dent 기법에서는 환율과 은행 간 콜금리사이에 동시적 인과관계가 존재한다는 결과를 얻었다. 또한 분산분해 분석을 통하여 환율과 은행 간 콜금리 사이의 동시적 인과관계와 전체 콜금리로부터 환율로의 인과관계를 재확인하고 있다.

최규완(1997)은 원/달러화 환율과 이자율(3년 만기 회사채 수익률)의 일별 자료(92. 1. 3-97. 10. 15)를 가지고 전체 기간과 97년 이후 기간(97. 1. 3-97. 10. 15)으로 구분하여 환율과 이자율 간의 Granger 인과관계 검정을 시행하였다. 그 결과, 두 기간에서 검정통계량과 유의수준에는 약간의 차이가 있지만 환율과 이자율사이에 상호인과관계가 존재함을 실증하였다.

또한 이현재(1997)는 실질본원통화와 실질총통화를 기준으로 한국의 이자율 상승이 원/달러화 환율을 하락 시킨다는 결과를 얻었다.(실질본원통화 기준으로 시간변수를 포함하지 않는 경우를 제외하고) 이러한 결과는 자국의 명목이자율이 상승할 경우 외국의 금융자산이 국내로 유입되어 자국화폐에 대한 수요가 증가하게 되고, 이에 따라 자국의 화폐가 외환시장에서 강세 통화가 되어 자국의 환율이 하락하게 된다는 케인지안의 이론을 뒷받침한다고 설명하고 있다.

그러나 원종문과 김희호(1997)는 우리나라의 자본시장이 불완전하여 실질이자율의 변화는 자본이동의 원인이 되지 못하여 실질 환율에 큰 영향을 미치지 못한다고 설명하고 있다.

5. 환율과 경상수지

먼저 환율과 경상수지(무역수지) 간의 관계를 살펴보면, 환율변동이 무역수지에 미치는 영향을 분석하는 전형적인 접근방법은 마샬-러너조건(Marshall-Lerner condition)을 검정하는 것이었다. 그러나 주요 선진국이 변동 환율제도를 채택한 이후, 환율과 무역수지(경상수지 간)의 관계를 직접적으로 분석하는 연구가 본격적으로 진행되어 왔다. 대부분의 연구결

과는 환율변동이 교역상품의 상대가격 변화 등을 통해 무역
수지에 영향을 준다고 주장하고 있으나 일부 연구결과에서는
환율변동이 무역수지에 영향을 주지 못함을 주장하고 있다.
(박동순, 1995) 또한 구매력평가설의 한계에서 살펴 본 것처
럼 경상수지의 불균형은 순외화자산의 증감을 초래하고 이것
은 다시 부의 효과(wealth effect)를 통하여 경상수지에 영향
을 주어 환율의 변동요인으로서 작용할 수도 있다.

　이와 같은 요인으로 인하여 환율과 경상수지(무역수지) 사
이의 관계에 대한 실증분석결과도 상이하게 나타나고 있다.
Dornbusch and Fisher(1980)는 예상치 못한 교란이 발생할
때 환율과 경상수지는 정(+)의 관계를 갖지만 예상된 교란
이 발생할 때는 부(−)의 상관이 나타난다고 하였다. 그리고
Papell(1984)은 환율과 경상수지 사이에 정(+)의 관계가 나
올 수도 있고 부(−)의 관계가 나올 수도 있다고 하였다.

　우리나라의 자료를 이용한 실증분석의 결과를 살펴보면 다
음과 같다.

　이환호(1989)는 복수통화바스켓 환율제도(1980년 하반기−
1988년 하반기) 기간동안 원/달러화 명목·실질 환율이 누적
경상수지와 매우 유사한 패턴을 보이고 있다면서 이러한 현
상은 환율의 결정에 있어서 달러화의 변동, 국내외 물가상승
률격차 등의 요인보다는 경상수지의 변동이 크게 영향을 준
것으로 설명하고 있다. 또한 이환호(1994)는 1980년−1992년
동안의 원/달러화 환율과 누적경상수지도 일정한 변동행태를
보이고 있다면서 오차수정 모형에 의한 추정결과, 환율은 경

쟁력평가 환율 및 누적무역수지의 변동에 영향을 받으나 단기
적으로는 무역수지의 변동에 의해서만 영향을 받는다고 설명하
고 있다. 그리고 이영기(1992)도 분기별 자료(1980: I -1989:Ⅳ)
를 가지고 Granger 인과관계 검정법을 이용하여 경상수지에서
원/달러화 환율로의 일방적 인과관계가 존재한다고 밝히고 있다.
따라서 이환호(1989, 1994)와 이영기(1992)는 경상수지(무역수지)
가 환율의 결정에 영향을 준다고 설명하고 있다.

  그러나 박동순(1995)은 월별 자료(1988. 1-1994. 12)를 가지
고 분석한 결과, 원/달러화 명목환율의 상승이 수출증가 및
수입 감소를 통해 무역수지를 개선시키는 것으로 나타났다.
그러나 장기에서는 수출입가격이 신축적이지만 단기에서는
수출입가격의 하방경직성으로 인하여 수출입에 비대칭적인
영향을 준다는 결과를 얻었다.27) 박광우(1995)도 월별 자료
(1980. 1-1994. 12)를 가지고 공적분 검정과 오차수정 모형
(ECM)에 의한 추정결과, 한국의 대미·대일 무역수지가 실
질 환율의 변화와 밀접한 관계를 가지고 있을 뿐만 아니라
실질 환율의 수준변수에 대해서 정(+)의 효과를 가지고 있
다는 결과를 얻었다. 이러한 결과는 장기적으로 환율변동이
무역수지에 큰 영향을 미치고 있음을 나타낸다고 설명하고
있다. 따라서 박동순(1995)과 박광우(1995)는 환율이 무역수
지에 영향을 준다는 결과를 제시하고 있다.

---

27) 수출의 경우 수출가격의 하방경직성을 반영하여 원/달러화 명
    목환율 하락 시의 수출가격전가율은 매우 높은 반면에 상승 시
    의 수출가격전가율은 상당히 낮게 나타나고 있다. 수입의 경우
    는 반대로 나타난다.

그런데 최진석(1998)은 월별 자료(1980. 1-1996. 12)를 가지고 전체 표본 기간, 복수통화바스켓 환율제도 기간, 그리고 시장평균 환율제도 기간으로 구분한 후, 환율과 경상수지 간의 인과관계를 검정하였다. 그 결과, 전체 표본 기간과 복수통화바스켓 환율제도 기간에는 환율과 경상수지 사이에 상호 인과관계를 보이지만 시장평균 환율제도 기간에는 환율과 경상수지 사이에 Granger 인과관계가 없다는 것을 밝혔다. 그리고 그 원인을 자본시장의 자유화로 인하여 경상수지가 환율에 미치는 영향이 감소하였기 때문이라고 설명하고 있다. 또한 전체 표본 기간과 복수통화바스켓 제도 기간에서는 환율과 경상수지 사이에 공적분관계가 존재하지만 시장평균 환율제도 기간에서는 공적분관계가 존재하지 않음을 밝혔다.

그러나 김종식(1990)은 원/달러화 환율과 무역수지 사이에 거의 상관관계가 존재하지 않는다는 결과를 얻었으며, 하문식(1990)은 아시아지역 국가들의 환율과 경상수지 간의 관계를 분석한 결과(1973-1984), 대부분의 국가에서 상관관계가 없거나 약하다고(한국의 경우 특히 약함) 주장하면서 환율은 경상수지와 밀접한 관계를 가지고 변동하지 않는다고 하였다. 하문식은 그 이유를 경상수지와 환율의 결정요인 상이, 임금과 가격의 경직성으로 인한 환율변동의 경상수지에 대한 영향 감소, 정부개입, 국가 간의 정책목표 상충 그리고 환율변동과 물가 및 임금 간의 시차로 인한 환율정책효과 감소, 경상수지 불균형에 따른 자본수지의 조정, 제품의 차별화, 수출상품구성비율의 변동 및 기업의 이윤율 변동 등에서 찾고

있다. 그리고 원종문과 김희호(1997)도 한국의 분기별 자료
(1980:Ⅰ-1995:Ⅱ)를 이용하여 실질 환율과 경상수지 간의 일
의적인 관계의 유무를 분석하였다. 그 결과, 실질 환율과 경
상수지 간에는 일의적인 인과관계가 없다고 밝히면서, 실질
환율변화의 많은 부분은 경제의 실질적인 교란을 반영하여
지속적이고 불안정하다고 설명하고 있다.

  그리고 손일태(1991)는 시장평균 환율제도하에서 환율이
실물부문의 경제상황을 나타내는 경상수지에 의해서 결정되
기보다는 기업이나 금융기관에 의해서 이루어지는 차관도입
과 같은 단기자본의 이동에 의해서 영향을 받게 되어 환율이
국내의 경제상황을 제대로 반영하지 못하게 된다고 밝히고
있다. 또한 주요국의 통화에 대한 원화의 환율이 국제외환시
장에서 달러화에 대한 이들 통화의 환율을 재정하여 결정됨
에 따라 이들 통화에 대한 원화의 환율이 우리나라와 이들
국가사이의 무역수지현황을 제대로 반영하지 못한다고 밝히
고 있다.

  이와 같이 기존의 환율과 경상수지(무역수지) 간의 인과관
계에 대한 검정결과도 다양하게 나타나고 있다.

  이상의 환율과 물가, 통화량, 소득, 이자율, 그리고 경상수
지 등 거시경제변수와의 인과관계에 내한 기존의 실증분석결
과를 요약하면 <표 3-3>과 같다.

\<표 3-3a\> 환율과 거시경제변수 간의 관계에 대한 기존의 분석결과

구 분 연구자	분석 기간	검정방법	검정결과
Gutierrez & Hub(1983)	1971. 1-1981. 10		환율 → 물가지수 환율 ← 물가지수 환율 ↔ 물가지수
Kholdy & Sorhabian(1990)	1973. 7-1988. 9		환율 ↮ 소비자물가지수 환율 ↔ 생산자물가지수
Rana & Dowling(1985)	1970년대		환율 ↛ 인플레이션
Rittenberg(1993)	1980년대		환율 ← 인플레이션
송승주(1992)	1980: I -1991:III	회귀분석	환율 → 생산자물가지수
박대근(1993)	1980. 3-1992. 10	Granger	환율 → 소비자물가지수 환율 → 생산자 물가지수
김윤철(1994)	1982. 1-1994. 6	Granger	환율 → 소비자 물가지수 환율 → 생산자 물가지수
모수원(1992)	1980. 3-1991. 9	Granger	환율 ↔ 물가지수
이영기(1992)	1980. I -1989.IV	Granger	환율 ↔ 도매물가지수
정문현(1996)	1980: I -1994: II	Granger	환율 → 생산자 물가지수 환율 ↔ 소비자물가지수 환율 ↮ GDP 디플레이터
김진옥(1993)	1970. 1-1979. 12	Granger	실질 환율 ↮ 통화량(M1)
	1980. 1-1989. 12		원/엔화 환율 ↮ 통화량

주) 변수 간의 →, ←, ↔는 인과관계 방향을 나타내며, ↮는 인과관계가 없다는 것을 의미한다.

<표 3-3b> 환율과 거시경제변수 간의 관계에 대한 기존의 분석결과

연구자 \ 구분	분석 기간	검정 방법	검증결과
김진욱 & 양태석(1993)	1980. 1-1990. 12	Granger	환율 → 통화량(M1) 실질 환율 ↔ 통화량 원/엔화 환율 ↮ 통화량
김진욱(1993)	1970. 1-1979. 12	Granger	실질 환율 ↮ 소득 원/엔화 환율 ↮ 소득
	1980. 1-1989. 12		실질 환율 ← 소득 원/엔화 환율 ↮ 소득
김진욱 & 양태석(1993)	1980. 1-1990. 12	Granger	환율 ↮ 소득 실질 환율 ← 소득 원/엔화 환율 ↮ 소득
김종선 & 이민원(1992)	1990. 7. 2-1991. 5. 1	Granger, Sims, Geweke-M-D	환율 → 은행 간 콜금리 환율 → 전체 콜금리
		Sims, Geweke-M-D	환율 ↔ 은행 간 콜금리
최규완(1997)	1992. 1. 3-1997. 10. 15	Granger	환율 ↔ 회사채 수익률
	1997. 1. 3-1997. 10. 15		
이환호(1989)	1980:III-1988:IV	OLS	환율 ← 경상수지
이환호(1994)	1980-1992	ECM	환율 ← 무역수지
이영기(1992)	1980. I -1989.IV	Granger	환율 → 경상수지
박동순(1995)	1988. 1-1994. 12	Cover	환율 → 무역수지
박광우(1995)	1980. 1-1994. 12	공적분, ECM	환율 → 대미 무역수지 환율 → 대일 무역수지
척진석(1998)	1980. 1-1996. 12	Granger	환율 ↔ 경상수지
	1980. 2-1990. 2		환율 ↔ 경상수지
	1990. 3-1996. 12		환율 ↮ 경상수지
김종식(1990)	1980. 1-1990. 2	공적분	환율 ↮ 무역수지
하문식(1990)	1973-1984	회귀분석	환율 ↮ 경상수지
원종문 & 김희호(1997)	1980: I -1995:II	2GLS	환율 ↮ 경상수지

주) 변수 간의 →, ←, ↔는 인과관계 방향을 나타내며, ↮는 인과관계가 없다는
  것을 의미한다.

제4절 기존 실증분석의 문제점

지금까지 환율제도의 변화를 중심으로 환율의 변동성과 제 2장의 환율결정이론에서 제시된 환율과 거시경제변수 간의 관계 특히, 통화론적 접근방법과 종합자산 모형의 기본가정 인 환율과 물가 간의 장기적 관계인 장기구매력평가, 그리고 환율과 물가, 환율과 통화량, 환율과 소득, 환율과 이자율, 그 리고 환율과 경상수지 간의 인과관계에 대한 기존의 실증분 석결과를 고찰하였다.

또한 제시된 대부분의 실증분석결과가 상이하게 나타난다 는 결과도 확인할 수 있었다. 이렇게 연구결과가 상이하게 나타나는 원인은 분석 기간 선정의 차이, 분석기법 사용의 차이, 물가지수 선택의 차이, 임의적으로 선택되는 시차(lag) 수의 차이, 사용되는 시계열자료의 빈도 차이, 분석 모형에 대한 제약성의 정도 차이, 그리고 분석대상국 선정의 차이 등에서 찾을 수 있을 것이다.

그러나 기존의 실증분석은 다음과 같은 문제점을 내포하고 있다.

첫째, 대부분의 실증분석이 환율과 물가를 중심으로 이루 어지고 있을 뿐만 아니라 단편적이다. 즉, 환율과 하나의 거 시경제변수 사이의 관계를 분석함으로써 환율이 결정되는 메 카니즘에 대한 설명이 거의 이루어지지 않고 있다. 따라서 환율정책의 운용에 어떤 시사점을 제시하더라도 단편적이어서 환율과 거시경제변수에 대한 전반적인 연계관계를 파악하는 데는 한계를 보이고 있다.

둘째, 대부분의 실증분석이 원/달러화 환율을 분석대상으로 하고 있다. 그런데 원/엔화 환율이 복수통화바스켓 환율제도와 시장평균 환율제도하에서 재정 환율(arbitrage rate)[28]로 결정되는 제약이 존재하더라도, 우리나라의 수출입구조가 미국뿐만 아니라 일본에 편중되어 있어, 우리나라의 수출경쟁력에 큰 영향을 준다는 사실을 고려하여야 한다. 따라서 원/엔화 환율에 대한 분석이 필요하다고 판단된다. 그러나 기존의 대부분의 실증분석은 원/달러화 환율만을 분석대상으로 함으로써 원/엔화 환율의 변동 추이 및 원/엔화 환율에 영향을 주는 요인 등에 대한 정보를 제시하지 못하고 있다.

셋째, 기존의 실증분석 가운데는 분석 기간이 단기의 특정 기간에 한정되어 환율의 일반적인 특성을 유도하는 데는 미흡한 경우도 존재한다. 뿐만 아니라 분석 기간이 장기라고 하더라도 대부분의 실증분석이 환율제도의 변화에 따른 기간 구분을 단순한 시간분할(time disaggregation)로 간주하고 있다. 이러한 분석은 환율제도의 변천에 따른 기간 구분을 고려하지 않음으로써 환율제도에 따른 환율변동의 특성을 파악하는 데에는 미흡하다. 즉, 전 기간을 통합해 분석함으로써 환율변동이 변화하는 근본적인 교란에 의한 것인지 또는 환율제도의 변화라는 구조적 변화에 기인한 것인지를 판단하는

---

28) 재정 환율은 자국통화와 특정 해외통화 사이의 환율인데, 이것은 기준환율 × 크로스레이트(cross rate)이다. 즉, 원/엔화 환율은 원/달러화 환율 × 엔화의 크로스레이트로 결정된다.

데에는 어려움이 존재한다.

넷째, 많은 실증분석은 기본적으로 환율이 거시경제변수에 의해 결정된다는 전제하에 분석함으로써 환율과 거시경제변수 간의 인과관계를 고려하지 않고 있다. 즉, 환율의 내·외생적 성격을 분석하지 않고 있다. 또한 인과관계를 분석한다고 하더라도 환율과 물가 등을 중심으로 단편적으로 이루어지고 있다.

다섯째, 환율과 환율결정 모형에 포함된 거시경제변수의 안정성을 전제한 실증분석도 존재한다. 이러한 분석은 시계열자료의 불안정성을 고려하지 않음으로써 분석상의 오류를 발생시킬 수 있다. 또한 불안정한 시계열자료임을 인정하고도 적절하고 엄밀한 분석방법을 사용하지 않는 실증분석이 존재한다는 것 등이다.

제4장 실증분석

　본 장에서는 제3장 제4절에서 제시된 기존 실증분석의 문제점을 고려하여 환율과 거시경제변수 간의 연계관계에 대해 체계적으로 분석하고자 한다.

　실증분석의 주된 목적은 환율제도의 이행에 따른 환율의 변동성, 환율과 거시경제변수 간의 장기적 균형관계 및 단기적 인과관계를 분석함으로써 환율제도의 변화가 환율의 변동 및 결정 메카니즘에 구조적 변화를 초래하였는가의 여부를 규명하고, 나아가 각 환율제도하에서 그 특성을 비교·분석하는 것이다. 그리고 이에 따른 분석의 초점은 다음과 같다.

　첫째, 실증분석은 세 가지 단위 기간으로 구분하여 수행된다. 즉, 전체 표본 기간(1980. 3-1997. 10)을 하나의 단위 기간으로 삼아 분석함과 아울러, 이를 다시 복수통화바스켓 환율제도 기간(1980. 3-1990. 2)과 시장평균 환율제도 기간(1990. 3-1997. 10)으로 세분하여 분석한다.

　둘째, 우리나라의 무역구조가 미국뿐만 아니라 일본에 편중되어 있는 점을 고려하여 원/달러화 환율뿐만 아니라 재정환율로 결정되는 원/엔화 환율에 대한 분석을 병행한다.

　셋째, 환율결정이론 가운데 통화론적 접근방법과 종합자산모형의 기초를 이루는 환율과 물가 간의 장기적 균형관계뿐만 아니라 환율과 환율결정 모형에 포함된 모든 거시경제변수 간의 장기적 균형관계를 분석한다.

넷째, 환율과 환율결정 모형에 포함된 거시경제변수 간의 직접적인 인과관계뿐만 아니라 환율과 거시경제변수 간의 직·간접적인 인과관계를 분석한다.

이러한 분석을 통하여 환율제도의 변화가 환율의 결정 및 변동에 구조적 변화를 초래하였는지의 여부를 규명하고, 각 환율제도하에서 원/달러화 환율과 원/엔화 환율의 결정 및 변동을 비교하여 그 특성을 파악하고자 한다. 나아가 실증분석결과를 바탕으로 환율정책의 운용에 대한 시사점과 아울러 환율결정 메카니즘에 대한 정보를 제시하고자 한다.

이를 위해 먼저 환율결정이론에 따른 환율결정 모형을 설정하고 이용자료 및 실증분석을 위한 검정방법을 설명한다. 그리고 기존 실증분석방법상의 문제점을 고려하여 환율제도의 이행에 따른 환율의 변동성 분석과 아울러 환율과 거시경제변수의 안정성 여부를 판단하기 위한 단위근 검정을 수행한다. 또한 단위근 검정결과를 바탕으로 환율과 거시경제변수 간의 장기적 관계 및 인과관계를 파악하기 위하여 공적분 검정과 인과관계 검정을 수행한다.

제1절 모형 설정과 이용자료

본 절에서는 환율과 거시경제변수 간의 연계관계에 대한 분석을 위해 제2장의 환율결정이론에 따른 환율결정 모형을 제시하고 실증분석에 사용된 자료를 설명한다.

1. 모형 설정

환율결정이론의 오버슈팅 모형의 환율결정방정식 (2-2-22)식에 의하면 환율은 자국과 상대국의 통화공급격차($m - m^*$), 실질소득격차($y - y^*$), 그리고 이자율격차($i - i^*$)에 의해 결정된다. 그리고 통화론자 모형의 환율결정방정식 (2-2-8)식, (2-2-9)식과 금리격차 모형의 환율결정방정식 (2-2-23)식에 의하면 환율은 오버슈팅 모형의 환율결정요인과 국내외 기대인플레이션율격차($\pi - \pi^*$)에 의해 결정된다. 나아가 종합자산 모형의 환율결정방정식[(2-4-23)식, (2-4-32)식에 따르면 환율은 통화론자 모형이나 금리격차 모형의 환율결정요인과 국내외 증권공급비율의 격차($b - f$)에 의하여 결정된다.

따라서 오버슈팅 모형에 의한 환율결정 모형은 다음의 (4-1)식, 그리고 통화론자 모형이나 금리격차 모형에 의한 환율결정 모형은 다음의 (4-2)식으로 설정할 수 있다. 그리고 종합자산 모형에 의한 환율결정 모형은 다음의 (4-3)식으로 설정할 수 있다.

$$s = \alpha_0 + \alpha_1(m - m^*) + \alpha_2(y - y^*) + \alpha_3(i - i^*) + u \quad (4\text{-}1)$$

$$s = \alpha_0 + \alpha_1(m - m^*) + \alpha_2(y - y^*)$$
$$+ \alpha_3(i - i^*) + \alpha_4(\pi - \pi^*) + u \quad (4\text{-}2)$$

$$s = a_0 + a_1(m - m^*) + a_2(y - y^*)$$
$$+ a_3(i - i^*) + a_4(\pi - \pi^*) + a_5(b - f) + u \quad (4\text{-}3)$$

여기에서 국내외 증권공급비율의 격차($b - f$)가 과거 경상
수지의 누적된 결과라고 하면, 일국의 상대국에 대한 경상수
지(CA)로 대체할 수 있다.[29] 따라서 국내외 증권공급비율의
차이 대신에 일국의 상대국에 대한 경상수지를 대입하면
(4-3)식은 (4-4)식으로 대체될 수 있다.

$$s = a_0 + a_1(m - m^*) + a_2(y - y^*)$$
$$+ a_3(i - i^*) + a_4(\pi - \pi^*) + a_5(ca) + u \quad (4\text{-}4)$$

따라서 현대적 자산시장 접근방법에 따른 환율결정 모형은
(4-1)식, (4-2)식, 그리고 (4-4)식으로 설정할 수 있다.

2. 이용자료

본 연구의 실증분석 기간은 우리나라의 환율제도가 복수통
화바스켓 환율제도로 이행한 1980년 3월부터 IMF 구제금융

---

29) Branson-Halttunen-Mosson(1977, 1979)의 외국채권의 증가는 경상수
지 흑자를 통해서만 이루어진다는 가정과 Hooper-Morton(1982) 모형
에 기초한다. 또한 우리나라의 자본시장이 불완전하다는 점을 고려할
때 타당하다고 볼 수 있으며, 원종문과 김희호(1997)의 실증분석결과는
이를 뒷받침한다.

을 계기로 시장평균 환율제도하에서 환율의 일일변동폭 규제
가 완전히 철폐되기 직전인 1997년 10월까지이다. 그리고 실
증분석에 이용된 자료는 충분한 자유도의 확보를 위해 한국
은행과 통계청의 월별 자료를 사용하였다.

　분석대상 환율은 원/달러화 환율과 원/엔화 환율이며 통화
량은 총통화(M2)이다. 소득은 소득변수로 국민소득을 사용하
여야 하나 월별 자료인 다른 변수와의 주기를 일치시키기 위
해 산업생산지수(계절조정, 1990=100)를 대리변수로 사용하
였다.[30] 이자율은 한국의 경우 3년 회사채수익률,[31] 미국의
경우 90일 재무성증권수익률, 일본의 경우 정부채권의 평균
수익률[32]이며, 기대 인플레이션율은 소비자물가지수(1990=
100)를 이용한 인플레이션율을 사용하였다.[33] 그리고 경상수
지는 원/달러화 환율의 경우 한국의 대미무역수지를 대리변
수로, 원/엔화 환율의 경우 한국의 대일무역수지를 그 대리변
수로 사용하였다. 또한 이자율을 제외한 모든 자료는 자연대

---

30) 김정식과 김진욱(1993), 김진욱(1993), 김진욱과 양태석(1993), 김
　　진욱(1994), 박동순(1995) 등도 소득의 대리변수로서 산업생산지
　　수를 사용하고 있다.
31) 자료 구입에 따른 곤란으로 1992년 9월까지는 장내시장 수익률 그
　　리고 1992년 10월부터는 장외시장 수익률을 사용하였다. 그러나
　　장내시장 수익률과 장외시장 수익률이 큰 차이 없이 유사한 추이
　　를 보이고 있어 문제가 되지 않으리라 판단된다.
32) 일본 정부채권의 평균수익률은 IMF, International Financial Statistics
　　의 코드번호 61에 따른 것이다.
33) 정근존(1995)은 생산자물가지수가 교역재에 의하여 과도하게 가중되어
　　산정됨으로써 분석에 편차를 야기할 수 있다는 Officer(1980)의 지적과
　　자신의 구매력평가에 대한 분석결과를 바탕으로 우리나라의 장기 환율
　　은 소비자물가지수를 가지고 분석하는 것이 적절하다고 하였다.

수를 취하여 분석하였다.

제2절 검정방법

  본 절에서는 실증분석방법상의 문제와 관련하여 환율과 거시경제변수들이 안정적이지 않을 수 있다는 전제하에 실증분석을 위한 방법론을 제시한다.

1. 단위근 검정

  시계열자료의 추정 및 검정에서 기본적인 가정은 시계열자료가 안정적(stationary)이어야 한다는 것이다. 시계열자료가 불안정적(non-stationary)인 경우, 실제로는 서로 상관관계가 없는 변수 간에 외견상 유의한 상관관계가 있는 것으로 나타나는 허구적 회귀(spurious regression)[34]의 문제가 발생할 수 있다. 따라서 시계열자료의 안정성 여부는 중요하지만 이를 선험적으로 알 수 없기 때문에 일정한 검정방법이 필요한데, 이것이 단위근 검정(unit root test)방법이다. 단위근 검정은 확률적 차분 모형(stochastic difference model)에서 자기

---

34) 불안정적 변수 간의 회귀분석결과에서 변수 간에 상관관계가 없음에도 불구하고 다중결정계수(R^2)값과 유의성검정을 위한 검정통계량(t)값이 높게 나타날 수 있다.

회귀항(autoregressive term)을 중심으로 정의되는 행태방정식의 근이 1이라는 값을 포함하느냐를 판별하는 방법론이다.

단위근 검정에는 DF 검정법(Dickey-Fuller Test), ADF 검정법(Augmented Dickey-Fuller Test), Said-Dickey 검정법(Said-Dickey Test), PP 검정법(Phillips-Perron Test) 등이 있다.

DF 검정법은 오차항이 iid(independently, identically distributed variable; white noise)[35]라는 가정하에 단위근의 존재여부를 검정하고자 하는 시계열에 대한 자기회귀 모형을 (4-5)~(4-7)식으로 설정한 후, 시차변수에 대한 t통계량값을 통해 최소자승추정이 단위근과 유의적으로 상이한가를 검정하는 방법이다.

$$\Delta X_t = \rho X_{t-1} + \varepsilon_t \qquad\qquad (4-5)$$

$$\Delta X_t = a + \rho X_{t-1} + \varepsilon_t \qquad\qquad (4-6)$$

$$\Delta X_t = a + \beta T + \rho X_{t-1} + \varepsilon_t \qquad\qquad (4-7)[36]$$

DF 검정법은 오차항 ε_t가 iid라는 가정에 기초를 두고 있지만, 추정결과에 따라 도출되는 오차항 ε_t는 대부분 자기상관을 가지고 있다. 따라서 오차항의 자기상관의 영향을 제거하기 위해 (4-5)~(4-7)식에 각각 차분추가항(augmented terms)을 포함시킨 검정법이 ADF 검정법이다. ADF 검정식은 다

---

35) white noise(백색오차)는 $E(\varepsilon_t)=0$, $Var(\varepsilon_t)=\sigma^2$, $E(\varepsilon_t\varepsilon_{t-1})=0$ 을 의미한다.
36) T는 선형추세변동을 나타내는 시간변수이다.

음의 (4-8)~(4-10)식으로 설정된다.

$$\Delta X_t = \rho X_{t-1} + \sum_{j=1}^{k} \delta_j \Delta X_{t-j} + \varepsilon_t \qquad (4\text{-}8)$$

$$\Delta X_t = \alpha + \rho X_{t-1} + \sum_{j=1}^{k} \delta_j \Delta X_{t-j} + \varepsilon_t \qquad (4\text{-}9)$$

$$\Delta X_t = \alpha + \beta T + \rho X_{t-1} + \sum_{j=1}^{k} \delta_j \Delta X_{t-j} + \varepsilon_t \qquad (4\text{-}10)$$

이때 DF 검정법과 ADF 검정법 모두 귀무가설은 단위근이 존재한다는 $H_0 : \rho = 0$이다. 따라서 검정결과, 귀무가설이 기각되면 단위근이 존재하지 않는 안정적인 시계열임을 의미한다.

2. 공적분 검정

단위근 검정결과, 시계열자료가 불안정적일지라도 허구적 회귀현상이 발생하지 않을 수도 있다. 즉, 둘 또는 그 이상의 시계열과정이 개별적으로는 불안정적이라고 하더라도 이들의 선형결합은 안정적일 수 있기 때문이다. 이러한 관계가 성립되는 경우 이들 변수들은 서로 공적분관계(cointegration)[37]

---

37) Engle and Granger(1987)는 벡터 X_t의 모든 원소가 I(d)이고(d차 차분한 후 안정적이고), 벡터 X_t의 선형결합 $Z_t = \alpha' X_t \sim I(d-b)$, $b > 0$인 상수벡터 $\alpha(\neq 0)$가 존재하면, X_t는 (d, b)차로 공적분되었다고 하며 α를 공적분 벡터 (co-integrationg vector)라고 부른다고 정의하였다.

에 있다고 한다.

즉, 공적분 검정은 변수들 간에 장기적 선형관계(linear combination)가 존재하는가를 파악하는 방법으로 회귀잔차에 기초한 검정(residual based test)과 방정식 체계에 의한 다변량시계열분석을 통한 공적분 검정방법이 있다.

회귀잔차에 의한 공적분 검정방법에는 Engle and Granger 의 DF 검정법, ADF 검정법, Phillips Ouliaris 검정법, CRDW (cointegrating regression Durbin Watson) 검정법 등이 있으며, 다변량시계열분석에 의한 공적분 검정법으로는 Johansen 검정법이 있다.

본 연구에서 사용한 회귀잔차에 의한 공적분 검정방법은 단위근 검정과 마찬가지로 다음의 3가지 모형을 설정하여 여기에서 얻은 회귀잔차에 대해 단위근 검정을 수행한다.

$$Y_t = \gamma X_t + \varepsilon_t \qquad\qquad (4\text{-}11)$$

$$Y_t = \alpha + \gamma X_t + \varepsilon_t \qquad\qquad (4\text{-}12)$$

$$Y_t = \alpha + \beta T + \gamma X_t + \varepsilon_t \qquad\qquad (4\text{-}13)$$

즉, DF 검정법과 ADF 검정법을 이용한 공적분 검정은 (4-11)식~(4-13)식으로부터 얻은 다음의 (4-14)식~(4-15)식에 근거하여 수행하는데, 두 경우 모두 귀무가설은 공적분이 존재하지 않는다는 $H_0 : \rho = 0$이다.

$$\varDelta\hat{\varepsilon}_t = \rho\hat{\varepsilon}_{t-1} + \mu_t \qquad\qquad (4\text{-}14)$$

$$\varDelta\hat{\varepsilon}_t = \rho\hat{\varepsilon}_{t-1} + \sum_{i=1}^{p}\delta_i\varDelta\hat{\varepsilon}_{t-1} + \mu_t \qquad (4\text{-}15)$$

3. 인과관계 검정

　회귀분석에서 원인변수와 결과변수는 경제이론에 의해 선결된 것으로 간주되어 인과관계가 명백하지 않은 함수관계에서는 뚜렷한 판정을 내릴 수 없는 문제가 존재하였다. 이러한 문제를 해결하기 위해 시차분포 모형을 이용하여 인과관계를 확인할 수 있는 검정방법이 제시되었다.

　Granger의 인과관계 검정(test of causality)은 안정적 시계열 X와 Y에 대하여 X가 Y에 인과적으로 관련되어 있다는 다음과 같은 설명을 제시한다. Y를 예측하는 데 있어 단순히 Y의 과거 수치를 사용하는 것보다 X의 과거 수치를 함께 사용하면 Y를 더 정확히 예측할 수 있지만 X를 예측하는 데 있어 Y의 과거치가 설명력이 없다면 X는 Y의 원인변수[38]이다. 그리고 반대의 경우는 Y가 X의 원인변수가 된다. 만일 Y로부터 X로 그리고 X로부터 Y로의 인과방향이 존재하면 피이드백관계가 발생한다고 한다. X와 Y사이의 인과관계를 검정하기 위한 Granger의 검정 모형은 다음과 같다.

[38) 이것은 $\sigma_1^2(Y_t, Y_{t-j}, X_{t-i}) < \sigma_2^2(Y_t, Y_{t-j})$의 관계가 성립한다는 것을 의미한다.

$$X_t = \alpha + \sum_{i=1}^{m} \beta_i X_{t-i} + \sum_{j=1}^{n} \gamma_j Y_{t-i} + \varepsilon_{1t} \qquad (4\text{-}16)$$

$$Y_t = \theta + \sum_{i=1}^{p} \lambda_i Y_{t-i} + \sum_{j=1}^{q} \delta_j X_{t-j} + \varepsilon_{2t} \qquad (4\text{-}17)$$

인과관계 검정은 다음과 같이 요약할 수 있다. $H_0 : \gamma_j = 0$ 이 기각되고 $H_0 : \delta_j = 0$ 이 채택되면 Y에서 X로의 인과방향이 존재하고, $H_0 : \gamma_j = 0$ 이 채택되고 $H_0 : \delta_j = 0$ 이 기각되면 X에서 Y로의 인과방향이 존재하는 것으로 간주한다. 또한 두 가설이 모두 기각되면 쌍방으로의 인과방향이 존재하고 두 가설이 모두 채택되면 두 변수 간에는 인과관계가 없으며 상호 독립적인 것으로 간주한다.

제3절 실증분석결과

본 절에서는 복수통화바스켓 환율제도로부터 시장평균 환율제도로의 이행에 따른 환율의 변동성 추이 및 특성, 환율과 거시경제변수의 안정성 여부, 환율과 거시경제변수 간의 장기적 균형관계, 그리고 환율과 거시경제변수 간의 인과관계 검정결과를 제시한다.

1. 환율의 변동성 분석결과

환율의 변동성 분석은 환율제도의 변화에 따른 환율변동의 특성을 파악하기 위해 변동 환율제도를 채택한 1980. 3월부터 1997. 10월까지를 전체 표본 기간으로 설정한 후, 전체 표본 기간을 다시 복수통화바스켓 환율제도 기간(1980. 3-1990. 2)과 시장평균 환율제도 기간(1990. 3-1997. 10)으로 구분하여 분석하였다.[39]

그리고 시장평균 환율제도하에서 환율의 일일변동 허용폭의 확대에 따른 환율의 변동추이를 살펴보기 위해 시장평균 환율제도 기간을 환율의 일일변동 허용폭의 크기에 따라 전기 기간(1990. 3-1994. 10)과 후기 기간(1994. 11-1997. 10)으로 세분하여 분석하였다.[40] 아울러 원/달러화 환율뿐만 아니라 원/엔화 환율을 동시에 분석함으로써 환율제도의 이행에

---

39) 1997년도 원/달러화 환율의 변동추이는 다음과 같다.

월	'97. 1	'97. 2	'97 .3	'97. 4	'97. 5	'97. 6	'97. 7	'97. 8	'97. 9	'97. 10	'97. 11	'97. 12
환율	861.3	863.9	897.1	892.1	891.8	888.1	892.0	902.0	914.8	965.1	1163.8	1415.2

표에 나타난 바와 같이, 원/달러화 환율은 1997년 11월과 12월에 큰 폭으로 상승하였다. 그런데 이것은 당시 우리나라의 외환위기를 반영한 것으로 판단할 수 있다. 따라서 분석의 엄밀성을 위하여 분석대상 기간을 1997년 10월까지로 설정하였다.

40) 시장평균 환율제도하에서 기간에 따른 환율의 일일변동 허용폭 크기는 다음과 같다.

전기 기간				후기 기간			
'90. 3 -'91. 8	'91. 9 -'92. 6	'92. 7 -'93. 9	'93. 10 -'94. 10	'94. 11 -'95. 11	'95. 12 -'97. 11. 18	'97. 11. 19 -'97. 12. 15	'97. 12. 16 이후
±0.4%	±0.6%	±0.8%	±1.0%	±1.5%	±2.25%	±10%	변동폭 폐지

따른 두 환율의 변동추이를 비교·분석하였다.

 이러한 기간분석에 따른 원/달러화 환율과 원/엔화 환율의
변동추이에 대한 실증분석결과는 <표 4-1>과 같다.

<표 4-1> 환율제도의 변화에 따른 기간별 원화 환율의 변동추이

구 분 기 간	원/달러화 환율*		원/엔화 환율*	
	평 균	표준편차	평 균	표준편차
1980:03-1997:10	6.6446	0.0953	1.6082	0.3568
1980:03-1990:02	6.6276	0.1107	1.3740	0.2727
1990:03-1997:10	6.6667	0.0643	1.9136	0.1770
1990:03-1994:10	6.6419	0.0497	1.8296	0.1754
1994:11-1997:10	6.7054	0.0660	2.0443	0.0650

*: 환율에 자연대수를 취하였다.

 먼저 환율제도의 변화에 따른 원/달러화 환율의 변동추이
를 분석하기 위해 복수통화바스켓 환율제도 기간과 시장평균
환율제도 기간에서의 원/달러화 환율의 표준편차를 살펴보면,
복수통화바스켓 환율제도 기간의 표준편차에 비하여 시장평
균 환율제도하에서의 표준편차가 작은 것으로 나타났다. 또
한 두 환율제도 기간 사이의 모분산이 같다는 귀무가설을 검
정한 결과, F 통계량의 값이 2.960(p값=0.000)으로 1%의 유
의수준에서 기각됨으로써 원/달러화 환율의 변동성이 복수통
화바스켓 환율제도 기간에 비하여 시장평균 환율제도 기간에

서 감소한 것으로 나타났다.[41)

그리고 시장평균 환율제도 기간에서 환율의 일일변동 허용
폭 크기에 따른 원/달러화 환율의 변동추이도 상이하게 나타
났다. 즉, 환율의 일일변동 허용폭이 작은 전기 기간에 비하
여 환율의 일일변동 허용폭이 확대된 후기 기간에서의 표준
편차가 증가하여 시장평균 환율제도하에서 환율의 일일변동
허용폭이 확대됨에 따라 원/달러화 환율의 변동성이 증가한
것으로 나타났다.[42)

다음으로 환율제도의 변화에 따른 원/엔화 환율의 변동추
이를 살펴보면, 원/엔화 환율의 표준편차가 복수통화바스켓
환율제도 기간에 비하여 시장평균 환율제도 기간에서 감소한
것으로 나타났다. 그리고 두 환율제도 기간에서 원/엔화 환
율의 모분산이 같다는 귀무가설을 검정한 결과, F 통계량의
값이 2.374(p값=0.000)으로써 1%의 유의수준에서 기각되었
다. 따라서 원/엔화 환율도 복수통화바스켓 환율제도에서 시
장평균 환율제도로 이행함에 따라 변동성이 유의하게 감소한
것으로 나타났다.[43)

또한 시장평균 환율제도 기간에서 환율의 일일변동 허용폭
이 확대됨에 따라 원/엔화 환율의 표준편차는 감소하여, 원/
엔화 환율은 원/달러화 환율과는 달리 환율의 일일변동 허용
폭이 확대된 후기 기간에서 변동성이 오히려 크게 감소한 것
으로 나타났다.[44)

---

41) 표준편차 기준으로 42%, 분산 기준으로 66% 감소하였다.
42) 표준편차 기준으로 33%, 분산 기준으로 79% 증가하였다.
43) 표준편차 기준으로 35%, 분산 기준으로 58% 감소하였다.

이와 같은 원/달러화 환율과 원/엔화 환율의 변동성 추이를 비교하여 살펴보면, 전체 표본 기간 빛 복수통화바스켓 환율제도 기간, 그리고 시장평균 환율제도 기간에서 원/엔화 환율의 변동성이 원/달러화 환율의 변동성보다 상대적으로 크게 나타났다.

그리고 환율제도의 이행에 따른 원/달러화 환율과 원/엔화 환율의 변동성을 비교하여 살펴보면, 두 환율 모두 복수통화 바스켓 환율제도에서 시장평균 환율제도로 이행함에 따라 변동성이 감소한 것으로 나타났다. 즉, 원/달러화 환율과 원/엔화 환율이 모두 복수통화바스켓 환율제도 기간보다 시장평균 환율제도 기간에서 변동성이 감소하여 안정적이라는 것을 알 수 있다.

또한 시장평균 환율제도하에서 환율의 일일변동 허용폭 확대에 따른 두 환율의 변동추이를 살펴보면, 환율의 일일변동 허용폭이 확대됨에 따라 원/달러화 환율의 변동성은 증가한 반면에 원/엔화 환율의 변동성은 오히려 크게 감소한 것으로 나타났다.

이러한 결과는 복수통화바스켓 환율제도와 시장평균 환율제도하에서 원/달러화 환율과 원/엔화 환율이 결정되는 방식의 차이에서 비롯된 것으로 보인다. 즉, 재성 환율로 결정되는 원/엔화 환율의 변동성은 국제외환시장에서 결정되는 엔/달러화 환율의 변동성에 의해 영향을 받을 수밖에 없다.[45]

---

44) 표준편차 기준으로 63%, 분산 기준으로 86% 감소하였다.
45) 엔/달러화 환율의 변동성을 분석한 결과, 엔/달러화 환율의 표준편차는 전체 표본 기간에서는 0.3284, 복수통화바스켓 환율제

따라서 모든 분석 기간에서 엔/달러화 환율의 변동성이 국내
(외환시장)에서 결정되는 원/달러화 환율의 변동성보다 상대
적으로 크기 때문에, 원/엔화 환율의 변동성이 원/달러화 환
율의 변동성보다 크게 나타났다고 해석할 수 있다.

특히, 시장평균 환율제도 기간에서 원/엔화 환율의 변동성
이 원/달러화 환율의 변동성보다 상대적으로 크게 나타난 원
인은 원/달러화 환율은 일일변동 허용폭이 제한되어 있는 반
면에 원/엔화 환율은 그러한 제한이 존재하지 않은 데서 그
원인을 찾을 수 있다.46) 그러나 보다 근본적인 원인은 시장
평균 환율제도 기간에서의 원/달러화 환율의 변동성보다 엔/
달러화 환율의 상대적으로 큰 변동성에 기인한다고 할 수 있
다. 또한 복수통화바스켓 환율제도에서 시장평균 환율제도로
이행함에 따라 원/엔화 환율의 변동성이 원/달러화 환율의
변동성에 비하여 상대적으로 크게 감소한 원인도 엔/달러화
환율의 변동성이 원/달러화 환율의 변동성보다 상대적으로
크게 감소하였기 때문이라고 설명할 수 있다.

그리고 시장평균 환율제도 기간에서 환율의 일일변동 허용
폭과 변동성 사이의 관계를 살펴보면, 환율의 일일변동 허용
폭이 확대됨에 따라 원/달러화 환율의 변동성은 크게 증가한
반면에 원/엔화 환율의 변동성은 크게 감소하여 시장평균 환

도 기간에서는 0.2569, 그리고 시장평균 환율제도 기간에서는
0.1431로 나타났다. 또한 시장평균 환율제도 기간의 전기에서는
0.1304, 그리고 후기에서는 0.110으로 나타났다.
46) 이근영(1997)은 원/달러화 환율의 변동성보다 원/엔화의 변동성이
큰 원인을 원/달러화 환율의 일일변동 허용폭이 제한되어 있는 반
면에 원/엔화 환율은 그런 제한이 없다는 데서 찾고 있다.

율제도의 후기 기간에서는 원/달러화 환율의 변동성이 원/엔화 환율의 변동성보다 오히려 크게 나다났다.

이러한 결과로부터 환율의 일일변동 허용폭이 완전히 철폐된 이후에는 원/달러화 환율의 변동성이 더욱 커질 가능성도 배제할 수 없다고 판단할 수 있다. 그러나 원/엔화 환율의 변동성은 재정 환율로 결정되는 특성 때문에 국제외환시장에서 결정되는 엔/달러화 환율의 변동 추이에 큰 영향을 받을 것으로 판단된다.

이와 같은 실증분석의 결과는 복수통화바스켓 환율제도 기간과 시장평균 환율제도 기간에서 원/달러화 환율뿐만 아니라 재정 환율로 결정되는 원/엔화 환율의 변동성이 상이하다는 것을 의미한다. 또한 시장평균 환율제도 기간에서 나타난 것처럼 원/달러화 환율과 원/엔화 환율의 변동추이도 상이하다는 것을 알 수 있다.

따라서 원화 환율의 변동성에 대한 분석결과는 환율제도의 변화에 따른 기간분석이 단순한 시간분할(time disaggregation)이 아니라 환율변동의 특성을 파악하는 데 필요하다는 것을 뒷받침한다고 할 수 있다. 환언하면, 환율제도의 변화가 환율의 변동성에 영향을 주었다고 판단할 수 있다. 또한 원/달러 환율뿐만 아니라 원/엔화 환율을 농시에 비교·분석하는 것도 환율변동의 특성 및 환율정책운용에 대한 유용한 정보를 제공하리라 판단된다.

이상의 복수통화바스켓 환율제도로부터 시장평균 환율제도로의 이행과 시장평균 환율제도하에서 환율의 일일변동 허용

폭 확대에 따른 환율의 변동성 분석결과를 요약하면 다음의
<표 4-2>와 같다.

<표 4-2> 환율제도의 변화에 따른 환율의 변동성 분석

구 분 / 기 간	분석대상 환율	분석 결과	비　　고
1980:03- 1997:10	원/달러화 환율	시장평균 환율제도 기간에서 변동성 감소	두 환율제도 기간에서 원/ 달러화 환율의 변동성보다 원/엔화 환율의 변동성이 크 게 나타남
	원/엔화 환율	시장평균 환율제도 기간에서 변동성 감소	
1990:03- 1997:10	원/달러화 환율	일일변동 허용폭 확대됨에 따라 변동성 증가	일일변동폭이 확대됨에 따라 원/엔화 환율의 변동성보다 원/달러화 환율의 변동성이 크게 나타남
	원/엔화 환율	일일변동 허용폭이 확대됨에 따라 변동성 감소	

2. 단위근 검정결과

환율과 거시경제변수 등 시계열자료의 안정성 여부를 파악
하기 위해 상대적으로 신뢰성이 높은 ADF 검정법을 이용하
여 단위근 검정을 수행하였다.[47] 그리고 기존의 단위근 검정

---

47) Schwert(1987)는 Monte-Carlo evidence에 근거하여 Phillips-

결과가 상이하게 나타나게 되는 한 요인이면서 또한 ADF 검정 시 논란이 되는 임의적인 시차변수 개수의 결정문제를 해결하기 위하여, Hall(1990)과 Campell and Peron(1991)이 권장하는 방법을 이용하였다.48) 즉, 사전적으로 시차(lag)수를 충분히 길게 잡은 후, 마지막 시차 차분항이 유의적인지의 여부를 검정하여 최종 시차 차분항이 유의해질 때까지 시차수를 줄여나가는 방법을 사용하였다.

1) 환　율

환율에 대한 단위근 검정은 전체 표본 기간(1980. 3-1997. 10) 그리고 전체 표본 기간을 다시 복수통화바스켓 환율제도 기간(1980. 3-1990. 2)과 시장평균 환율제도 기간(1990. 3-1997. 10)으로 세분하여 원/달러화 환율과 원/엔화 환율에 대해 각각 분석하였다.

원/달러화 환율과 원/엔화 환율에 대한 단위근 검정결과는 각각 <표 4-3 >, <표 4-4>와 같다.

먼저 <표 4-3>의 원/달러화 환율에 대한 ADF 검정결과, 원/달러화 환율이 전체 표본 기간(1980. 3-1997. 10)과 복수통화바스켓 환율제도 기간(1980. 3- 1990. 2) 그리고 시장평

Perron test는 nonstationarity라는 귀무가설을 기각하는 경향을 강하게 갖고 있기 때문에, cross-check을 위하여 higher-order autoregression에 입각한 augmented Dickey-Fuller statistics을 구할 것을 권하고 있다.[모수원(1994)에서 재인용]
48) 홍성표와 김양우(1993)에서 재인용.

균 환율제도 기간(1990. 3-1997. 10) 등 모든 분석 기간에서 I(1)으로 나타났다.

즉, 모든 분석 기간에서 원/달러화 환율의 수준변수에 대해서는 단위근이 존재한다는 귀무가설이 기각되지 않았으나 1차 차분변수에 대해서는 귀무가설

\<표 4-3\> 원/달러화 환율에 대한 ADF 단위근 검정결과[49]

구 분 / 변 수	1980:03-1997:10		1980:03-1990:02		1990:03-1997:10	
	$\alpha+$	$\alpha+\beta T++$	α	$\alpha+\beta T$	α	$\alpha+\beta T$
s	-1.531{7}	-1.056{9}	-2.239{3}	-1.936{3}	1.075{7}	-1.605{7}
$(1-L)s$	-3.643{2}***	-3.532{2}**	-2.639{2}*	-3.116{2}	-3.398{1}**	-3.479{1}**

주 1) *: $p<0.1$, **: $p<0.05$, ***: $p<0.01$을 의미한다.
　2) +: 상수항만 고려한 경우, ++: 상수항과 추세를 모두 고려한 경우이다.
　3) (1-L)은 시차 연산자(lag operator)를 의미한다.
　4) { }안의 수치는 시차 차분항의 차수를 나타낸다.

이 기각되었다. 전체 표본 기간에서는 상수항만 고려하는 경우 1%의 유의수준에서, 그리고 상수항과 추세를 함께 고려하는 경우에는 5%의 유의수준에서 단위근이 존재한다는

---

49) Fuller(1976)와 Dickey and Fuller(1981)에 의하면 (4-9)식과 (4-10)식의 1%, 5%, 10% 유의수준의 임계치는 각각 다음과 같다.

구 분 / 표본수	1% 유의수준		5% 유의수준		10% 유의수준	
	(4-9)식	(4-10)식	(4-9)식	(4-10)식	(4-9)식	(4-10)식
n=92(90. 3-97. 10)	-3.52	-4.07	-2.89	-3.46	-2.58	-3.15
n=120(80. 3-90. 2)	-3.50	-4.03	-2.89	-3.45	-2.58	-3.15
n=212(80. 3-97. 10)	-3.48	-4.00	-2.88	-3.43	-2.57	-3.13

귀무가설이 기각되었다. 그리고 복수통화바스켓 환율제도 기
간에서는 상수항만 고려하는 경우에 귀무가설이 10%의 유의
수준에서 기각되었다. 또한 시장평균 환율제도 기간에서는
추세포함 여부에 관계없이 5%의 유의수준에서 귀무가설이
기각되는 것으로 나타났다.50)

　이러한 원/달러화 환율에 대한 ADF 단위근 검정결과는 원/달
러화 환율의 수준변수에 대하여 모든 분석 기간에서 단위근을 갖
는다는 귀무가설이 기각될 수 없음을 의미한다. 따라서 원/달
러화 환율이 확률적 추세(stochastic trends)를 갖는 불안정적
인 시계열임을 알 수 있다.

<표 4-4> 원/엔화 환율에 대한 ADF 단위근 검정결과

구 분 변 수	1980:03-1997:10		1980:03-1990:02		1990:03-1997:10	
	$\alpha +$	$\alpha + \beta T + +$	α	$\alpha + \beta T$	α	$\alpha + \beta T$
s	-1.588{1}	-2.468{7}	-1.748{1}	-1.442{1}	-1.765{6}	-1.716{1}
$(1-L)s$	-10.914{0}***	-10.934{0}***	-8.009{0}***	-8.117{0}***	-5.095{5}***	-5.352{5}***

주 1) ***: $p<0.01$을 의미한다.
　 2) +: 상수항만 고려한 경우, ++: 상수항과 추세를 모두 고려한 경우이다.
　 3) (1-L)은 시차 연산자(lag operator)를 의미한다.
　 4) { }안의 수치는 시차 차분항의 차수를 나타낸다.

　<표 4-4>의 원/엔화 환율에 대한 ADF 단위근 검정결과에

---

50) DF검정결과는 원/달러화 환율이 모든 분석 기간에서 추세포함
　　여부에 관계없이 I(1)으로 나타났다. 단, 복수통화바스켓 환율제
　　도 기간에서는 상수항만 고려하는 경우에 수준변수에 대해 5%
　　유의수준에서 귀무가설이 기각되는 것으로 나타났다.

118

서는 전체 표본 기간과 복수통화바스켓 환율제도 기간 그리고 시장평균 환율제도 기간 등 모든 분석 기간에서 원/엔화 환율이 I(1)으로 나타났다.

즉, 모든 분석 기간에서 원/엔화 환율의 수준변수에 대해서는 단위근이 존재한다는 귀무가설이 기각되지 않았다. 그러나 원/엔화 환율의 1차 차분변수에 대해서는 추세포함 여부와 관계없이 귀무가설이 1%의 유의수준에서 기각되는 것으로 나타났다. 따라서 원/엔화 환율이 모든 분석 기간에서 I(1)임을 알 수 있다.[51]

따라서 이러한 원/엔화 환율에 대한 ADF 단위근 검정결과는 원/달러화 환율에 대한 검정결과와 마찬가지로, 원/엔화 환율이 확률적 추세를 갖는 불안정적인 시계열임을 의미한다.

이상의 원/달러화 환율과 원/엔화 환율에 대한 ADF 단위근 검정결과를 비교해 살펴보면, 원/달러화 환율과 원/엔화 환율이 동일하게 모든 분석 기간에서 I(1)으로 나타났다. 따라서 원/달러화 환율과 원/엔화 환율이 모두 확률적 추세(stochastic trends)를 갖는 불안정적인 시계열임을 알 수 있다.

2) 거시경제변수

환율결정 모형에 포함된 거시경제변수에 대한 단위근 검정은 전체 표본 기간(1980. 3-1997. 10)에 대하여 우리나라와 상대국의 해당변수 간의 격차로 수행하였다.

---

51) DF 검정결과도 원/엔화 환율이 모든 분석 기간에서 I(1)으로 나타났다.

우리나라와 미국의 거시경제변수 간의 격차에 대한 ADF
검정결과는 <표4-5>, 그리고 우리나라와 일본의 거시경제변
수 간의 격차에 대한 ADF 검정결과는 <표 4-6>과 같다.

<표 4-5> 한국－미국의 거시경제변수격차에 대한 ADF 단위근 검정결과

구 분 변 수	수준변수		1차 차분변수	
	$a+$	$a+\beta T++$	a	$a+\beta T$
$(m-m^*)$	1.346{8}	-0.751{8}	-6.494{7}***	-6.679{7}***
$(y-y^*)$	-2.219{9}	-1.404{9}	-4.179{8}***	-4.639{8}***
$(i-i^*)$	-3.279{9}**	-3.541{9}**	-6.448{8}***	-6.559{8}***
$(\pi-\pi^*)$	0.447{9}	-1.849{9}	-4.687{8}***	-4.680{8}***
ca	-0.802{7}	-2.361{7}	-7.147{6}***	-7.362{6}***

주 1) *: $p<0.1$, **: $p<0.05$, ***: $p<0.01$을 의미한다.
　2) +: 상수항만 고려한 경우, ++: 상수항과 추세를 모두 고려한 경
　　우이다.
　3) {)안의 수치는 시차 차분항의 차수를 나타낸다.
　4) 변수의 *는 미국을 의미하며, 변수 ca는 우리나라의 대미무역수
　　지이다.

먼저 <표 4-5>의 우리나라와 미국의 거시경제변수격차에
대한 ADF 단위근 검정결과에 나타난 바와 같이, 환율결정 모
형에 포함된 양국 간 거시경제변수격차 가운데 통화증가율격
차($m-m^*$), 실질소득 증가율격차 $(y-y^*)$, 기대 인플레이션
율격차 $(\pi-\pi^*)$ 그리고 대미무역수지(수출증가율/수입증가율;
ca) 등의 수준변수에 대하여 단위근이 존재한다는 귀무가설이

기각되지 않았다. 그러나 1차 차분변수에서는 추세의 포함여
부와 관계없이 1%의 유의수준에서 귀무가설이 기각되는 것으
로 나타났다. 그런데 이자율격차 $(i-i^*)$의 수준변수에 대해서
는 추세의 포함여부와 관계없이 단위근이 존재한다는 귀무가
설이 5%의 유의수준에서 기각되는 것으로 나타났다.

따라서 이자율격차를 제외한 환율결정 모형에 포함된 우리나
라와 미국의 거시경제변수격차가 I(1)임을 알 수 있다.[52] 즉, 이
러한 결과는 이자율격차를 제외한 환율결정 모형에 포함된 양국
간 거시경제변수격차가 모두 불안정적인 시계열임을 의미한다.

<표 4-6> 한국－일본의 거시경제변수격차에 대한
ADF 단위근 검정결과

구 분 변 수	수준변수		1차 차분변수	
	α	$\alpha+\beta T$	α	$\alpha+\beta T$
($m-m^*$)	1.543{12}	-0.585{12}	-3.171{11}**	-3.505{11}**
($y-y^*$)	-0.679{1}	-2.634{8}	-5.002{7}***	-5.045{7}***
($i-i^*$)	-3.774{7}***	-3.604{7}**	-6.636{6}***	-6.932{6}***
($\pi-\pi^*$)	0.008{9}	-2.439{9}	-4.046{8}***	-3.945{8}**
ca	-1.493{10}	-1.622{10}	-9.247{9}***	-9.286{9}***

주 1) *: p<0.1, **: p<0.05, ***: p<0.01을 의미한다.
　　2) +: 상수항만 고려한 경우, ++: 상수항과 추세를 모두 고려한
　　　　경우이다.
　　3) { }안의 수치는 시차 차분항의 차수를 나타낸다.
　　4) 변수의 *는 일본을 의미하며, 변수 ca는 우리나라의 대일무역수
　　　　지이다.

---

52) DF 검정결과는 이자율격차가 상수항만 고려하는 경우에는 5%
의 유의수준에서 I(0)로 나타나지만 상수항과 추세를 함께 고
려하는 경우에는 I(1)으로 나타났다.

<표 4-6>의 우리나라와 일본의 거시경제변수격차에 대한
ADF 검정결과는 이자율을 제외한 환율결정 모형에 포함된
모든 거시경제변수의 수준변수에 대해서 추세의 포함여부와
관계없이 단위근이 존재한다는 귀무가설이 기각되지 않았으
나 1차 차분변수에 대해서는 추세포함 여부에 관계없이 1%
의 유의수준(단, 통화량격차에 대해서는 5%의 유의수준)에서
귀무가설이 기각되어 I(1)으로 나타났다. 그런데 이자율격차
의 수준변수에 대해서는 상수항만 고려하는 경우에는 1%의
유의수준에서, 상수항과 추세를 함께 고려하는 경우에는 5%
의 유의수준에서 귀무가설이 기각되는 것으로 나타났다.[53]
이것은 이자율격차를 제외한 환율결정 모형에 포함된 우리나
라와 일본 간 거시경제변수격차가 확률적 추세를 갖는 불안
정적인 시계열임을 의미한다.

이상의 우리나라와 미국의 거시경제변수격차, 그리고 우리
나라와 일본의 거시경제변수격차에 대한 ADF 단위근 검정
결과는 이자율격차를 제외한 환율결정 모형에 포함된 양국
간 거시경제변수격차가 I(1)임을 의미한다.

따라서 이자율을 제외한 환율의 결정 모형에 포함된 우리
나라와 미국의 거시경제변수격차, 우리나라와 일본의 거시경
제변수격차도 환율과 마찬가지로 확률적 추세를 갖는 불안정
적인 시계열임을 알 수 있다. 특히, 원/달러화 환율, 원/엔화
환율, 그리고 양국 간 인플레이션율격차가 모두 단위근을 갖

---

53) DF 검정결과는 이자율격차가 상수항만 고려하는 경우에는 5%
　　의 유의수준에서 I(0)로 나타나지만 상수항과 추세를 함께 고려
　　하는 경우에는 I(1)으로 나타났다.

는 불안정한 시계열자료라고 밝혀짐에 따라 원/달러화 환율과 원/엔화 환율의 구매력평가(PPP)가 성립하지 않을 가능성이 존재한다고 판단할 수 있다.

지금까지 살펴본 원/달러화 환율과 원/엔화 환율, 우리나라와 미국의 거시경제변수격차, 그리고 우리나라와 일본의 거시경제변수격차에 대한 ADF 단위근 검정결과를 요약하면 <표 4-7>과 같다.

<표 4-7> 환율과 거시경제변수에 대한
단위근 검정결과 분석

분석대상 변수	분석결과	비　　고
원/달러화, 원/엔화 환율	모든 분석 기간에서 I(1)	불안정적인 시계열
한국－미국, 한국－일본의 거시경제변수격차	이자율[I(0)]을 제외하고 전체 표본 기간에서 I(1)	이자율을 제외하고 불안정적인 시계열

3. 공적분 검정결과

원화 환율 및 환율결정 모형에 포함된 거시경제변수에 대한 단위근 검정결과, 환율을 비롯한 모든 분석대상 변수가 확률적 추세를 갖는 불안정적인 시계열임이 밝혀졌다. 그러나 시계열자료가 개별적으로는 불안정하다고 하더라도 이들의 선형결합은 안정적일 수 있기 때문에, 여기에서는 변수들 간에 장기적 선형관계(linear combination)가 존재하는가를 판단하는 공적분 검정을 수행한다.

공적분 검정은 회귀잔차에 기초한 검정(residual bascd test)방법인 ADF 검정방법을 사용하였으며, 필요한 경우 DF 검정과 CRDW 검정을 병행하였다. 또한 공적분 검정은 환율에 대한 단위근 검정과 마찬가지로 전체 표본 기간(1980. 3-1997. 10), 그리고 전체 표본 기간을 다시 복수통화바스켓 환율제도 기간(1980. 3-1990. 2)과 시장평균 환율제도 기간 (1990. 3-1997. 10)으로 세분하고, 먼저 원/달러화 환율과 개별 거시경제변수, 그리고 원/엔화 환율과 개별 거시경제변수에 대하여 검정한 후, 원/달러화 환율결정 모형과 원/엔화 환율결정 모형에 대한 검정을 각각 수행하였다.

1) 환율과 개별 거시경제변수

원/달러화 환율과 개별 거시경제변수, 그리고 원/엔화 환율과 개별 거시경제변수 사이의 ADF 공적분 검정결과는 각각 <표 4-8>와 <표 4-9>에 제시되어 있다.

<표 4-8>에 나타난 원/달러화 환율과 거시경제변수 사이의 ADF 공적분 검정결과를 살펴보면, 전체 표본 기간에서는 원/달러화 환율과 양국 간 통화량격차, 실질소득격차, 이자율격차, 인플레이션율격차 그리고 대미무역수지 등 환율결정 모형에 포함된 모든 개별 거시경제변수 사이에 추세의 포함여부와 관계없이 공적분관계가 존재하지 않는 것으로 나타났다.

그러나 복수통화바스켓 환율제도 기간에서는 원/달러화 환

율과 대미무역수지 사이에 상수항과 추세를 함께 고려하는
경우 공적분관계가 존재하지 않는다는 귀무가설이 5%의 유
의수준에서 기각되는 것으로 나타났다. 그리고 시장평균 환
율제도 기간에서는 원/달러화 환율과 실질소득격차 사이에
상수항만 고려하는 경우, 공적분관계가 존재하지 않는다는
귀무가설이 1%의 유의수준에서 기각되는 것으로 나타났다.
또한 원/달러화 환율과 통화량격차, 그리고 원/달러화 환율과
인플레이션율격차에 대해서는 상수항과 추세를 함께 고려하
는 경우에 각각 10%의 유의수준에서 귀무가설이 기각되는
것으로 나타났다.54)

---

54) 원/달러화 환율과 거시경제변수 간의 DF 검정결과는 전체 표
  본 기간과 복수통화바스켓 환율제도 기간에서 원/달러화 환율
  과 모든 거시경제변수 사이에 추세 포함 여부에 관계없이 공적
  분관계가 존재하지 않는 것으로 나타났다. 그러나 시장평균 환
  율제도 기간에서는 원/달러화 환율과 통화량격차 사이에 추세
  포함 여부에 관계없이 귀무가설이 1%의 유의수준에서 기각되
  었다. CRDW 검정결과는 복수통화바스켓 환율제도 기간에서
  원/달러화 환율과 대미무역수지 사이에, 그리고 시장평균 환율
  제도 기간에서는 원/달러화 환율과 실질소득격차 사이에 공적
  분관계가 존재하는 것으로 나타났다.

<표 4-8> 원/달러화 환율과 거시경제변수 간의 ADF 공적분 검정결과[55]

구 분 변 수	1980:03-1997:10		1980:03-1990:02		1990:03-1997:10	
	$a+$	$a+\beta T++$	a	$a+\beta T$	a	$a+\beta T$
$(m-m^*)$	-2.061{9}	-1.701{9}	-1.922{5}	-1.479{9}	-2.881{9}	-2.917{9}*
$(y-y^*)$	-1.742{9}	-1.459{7}	-1.598{8}	-1.715{3}	-4.560{10}***	-1.337{0}
$(i-i^*)$	-1.163{5}	-1.662{5}	-1.342{8}	-1.330{8}	-0.881{9}	-2.490{9}
$(\pi-\pi^*)$	-2.128{9}	-1.981{9}	-2.569{9}	-1.688{3}	-2.102{10}	-3.038{10}*
ca	-0.738{7}	-1.378{9}	-1.588{9}	-3.532{1}**	-0.663{9}	-1.863{9}

주 1) *: p<0.1, **: p<0.05, ***: p<0.01을 의미한다.
   2) +: 상수항만 고려한 경우, ++: 상수항과 추세를 모두 고려한 경우이다.
   3) { }안의 수치는 시차 차분항의 차수를 나타낸다.
   4) 변수의 *는 미국을 의미하며, 변수 ca는 우리나라의 대미무역수지이다.

따라서 전체 표본 기간에서는 원/달러화 환율과 장기적 균형관계가 성립하는 거시경제변수가 존재하지 않지만 복수통화바스켓 환율제도 기간에서는 원/달러화 환율과 대미무역수지 사이에, 그리고 시장평균 환율제도 기간에서는 원/달러화 환율과 통화량격차, 실질소득격차, 그리고 인플레이션율격차 사이에 장기적 균형관계가 존재한다는 것을 알 수 있다. 즉,

---

55) Engle and Yoo(1987)에 의하면 변수가 2개인 경우 1%, 5%, 10% 유의수준의 임계치는 다음과 같다.

구 분 표본수	ADF 공적분 검정 통계량		
	1%	5%	10%
n=92(90. 3-97. 10)	-3.79	-3.19	-2.91
n=120(80. 3-90. 2)	-3.74	-3.18	-2.92
n=212(80. 3-97. 10)	-3.78	-3.25	-2.98

복수통화바스켓 환율제도 기간에 비하여 시장평균 환율제도 기간에서 원/달러화 환율과 공적분관계가 존재하는 거시경제 변수의 개수가 증가하였다는 것을 알 수 있다.

특히, 복수통화바스켓 환율제도 기간에서 원/달러화 환율과 인플레이션율격차 사이에 공적분관계가 존재하지 않는 것으로 나타났다. 이것은 복수통화바스켓 환율제도 기간에서 환율결정이론 가운데 통화론적 접근방법과 종합자산 모형의 기초를 이루는 구매력평가(PPP)가 성립하지 않는다는 것을 의미한다. 그러나 시장평균 환율제도 기간에서는 원/달러화 환율과 인플레이션율격차 사이에 공적분관계가 존재하지 않는다는 귀무가설이 10%의 유의수준에서 기각되어 미약하지만 구매력평가가 성립하는 것으로 판단할 수 있다.

그리고 복수통화바스켓 환율제도 기간에서는 원/달러화 환율과 대미무역수지 사이에 귀무가설이 5%의 유의수준에서 기각되어 공적분관계가 존재하는 것으로 나타난 반면에 시장평균 환율제도 기간에서는 공적분관계가 존재하지 않는 것으로 나타났다. 이것은 1990년대 이후 추진된 자본자유화의 영향으로 원/달러화 환율과 대미무역수지 사이의 장기적 균형관계가 약화된 결과라고 판단할 수 있다.

<표 4-9>의 원/엔화 환율과 거시경제변수 사이의 ADF 공적분 검정결과는 전체 표본 기간에서 원/엔화 환율과 실질소득격차, 그리고 원/엔화 환율과 인플레이션율격차 사이에 상수항과 추세를 함께 고려하는 경우, 귀무가설이 각각 1%의 유의수준과 10%의 유의수준에서 기각되어 공적분관계가 존

재하는 것으로 나타났다.

<표 4-9> 원/엔화 환율과 거시경제변수 간의
ADF 공적분 검정결과[56]

구 분 / 변 수	1980:03-1997:10		1980:03-1990:02		1990:03-1997:10	
	$\alpha +$	$\alpha + \beta T + +$	α	$\alpha + \beta T$	α	$\alpha + \beta T$
($m - m^*$)	-1.776{7}	-2.886{11}	-1.355{1}	-1.649{3}	-0.963{6}	-1.103{6}
($y - y^*$)	-2.773{4}	-5.030{0}***	-2.164{0}	-3.301{0}*	-1.610{0}	-4.427{0}***
($i - i^*$)	-1.012{1}	-2.794{11}	-1.319{1}	-1.507{3}	-2.453{1}	-2.161{1}
($\pi - \pi^*$)	-1.971{1}	-3.290{1}*	-1.244{1}	-2.211{7}	-2.318{1}	-2.272{1}
ca	-0.635{12}	-2.575{7}	-1.719{6}	-2.068{8}	-1.328{8}	-1.760{0}

주 1) *: $p < 0.1$, **: $p < 0.05$, ***: $p < 0.01$을 의미한다.
   2) +: 상수항만 고려한 경우, + +: 상수항과 추세를 모두 고려한 경우이다.
   3) { }안의 수치는 시차 차분항의 차수를 나타낸다.
   4) 변수의 *는 일본을 의미하며, 변수 ca는 우리나라의 대일무역수지이다.

그리고 복수통화바스켓 환율제도 기간에서는 원/엔화 환율
과 실질소득격차 사이에 상수항과 추세를 함께 고려하는 경
우, 귀무가설이 10%의 유의수준에서 기각되어 공적분관계가

---

56) 시차 차분항의 차수가 낮인 경우 ADF 검정결과는 DF 검정결
과와 동일해진다. Engle and Yoo(1987)에 의하면 변수가 2개인
경우 DF 공적분 검정 통계량의 1%, 5%, 10% 유의수준의 임계
치는 각각 다음과 같다.

구 분 / 표본수	DF 공적분 검정 통계량		
	1%	5%	10%
n = 92(90. 3-97. 10)	-4.10	-3.40	-3.06
n = 120(80. 3-90. 2)	-4.04	-3.37	-3.03
n = 212(80. 3-97. 10)	-4.00	-3.37	-3.02

128

존재하는 것으로 나타났다. 반면에, 시장평균 환율제도 기간
에서는 원/엔화 환율과 실질소득격차 사이에 상수항과 추세
를 함께 고려하는 경우에 귀무가설이 1%의 유의수준에서 기
각되어 공적분관계가 존재하는 것으로 나타났다.57)

　이러한 결과는 모든 분석 기간에서 원/엔화 환율과 실질소
득격차 사이에, 그리고 전체 표본 기간에서 원/엔화 환율과
인플레이션율격차 사이에 장기적 균형관계가 성립한다는 것
을 의미한다. 특히, 전체 표본 기간에서 원/엔화 환율과 인플
레이션율격차 사이에 유의수준은 낮지만 공적분관계가 존재
한다는 것은 단위근 검정에서 밝혀진 것처럼 원/엔화 환율과
인플레이션율격차가 비록 불안정적인 시계열일지라도, 장기
에서 균형관계가 성립하여 구매력평가(PPP)가 성립된다는
것을 의미한다.

　이상의 원/달러화 환율과 개별 거시경제변수 그리고 원/엔
화 환율과 개별 거시경제변수에 대한 ADF 공적분 검정결과
를 비교해 보면, 먼저 원/달러화 환율의 경우 전체 표본 기간
에서는 공적분관계가 존재하는 거시경제변수가 존재하지 않
았으나 원/엔화 환율은 실질소득격차, 그리고 인플레이션율격
차와 공적분관계가 존재하는 것으로 나타났다.

─────────────

57) DF 검정결과는 원/엔화 환율과 실질소득격차에 대하여 ADF
　　검정결과와 동일하다. 또한 시장평균 환율제도 기간에서 원/엔
　　화 환율과 대일무역수지 사이에 공적분관계가 존재하는 것으로
　　나타났다. 그리고 CRDW 검정결과는 모든 분석 기간에서 원/
　　엔화 환율과 실질소득격차 사이에, 그리고 시장평균 환율제도
　　기간에서 원/엔화 환율과 대일무역수지 사이에 공적분이 존재
　　하는 것으로 나타났다.

복수통화바스켓 환율제도 기간에서는 원/달러화 환율은 대미무역수지와 공적분관계가 존재하는 것으로 나타난 반면에 원/엔화 환율은 실질소득격차에 대해서만 공적분관계가 존재하는 것으로 나타났다. 그리고 시장평균 환율제도 기간에서는 원/달러화 환율이 통화량격차, 실질소득격차, 그리고 인플레이션율격차에 대하여 공적분관계가 존재하는 것으로 나타난 반면에 원/엔화 환율은 실질소득격차에 대해서만 공적분관계가 존재하는 것으로 나타났다.

그리고 원/달러화 환율은 시장평균 환율제도 기간에서만 실질소득격차와 공적분관계가 존재하는 반면에 원/엔화 환율은 모든 분석 기간에서 실질소득격차와 공적분관계가 존재하는 것으로 나타났다. 따라서 원/엔화 환율은 원/달러화 환율에 비하여 실질소득격차와 강한 장기적 균형관계가 존재한다고 판단할 수 있다.

또한 원/달러화 환율은 복수통화바스켓 환율제도 기간에 비하여 시장평균 환율제도 기간에서 상대적으로 많은 거시경제변수와 공적분관계가 존재하는 것으로 나타났다. 그러나 원/엔화 환율은 시장평균 환율제도 기간에서도 공적분관계가 존재하는 거시경제변수가 원/달러화 환율에 비하여 상대적으로 적게 나타났다. 이것은 원/엔화 환율이 새징 횐율로 결정됨으로써 원/달러화 환율에 비하여 상대적으로 국내경제의 기초적 여건을 제대로 반영하여 결정되지 못한 결과라고 판단할 수 있다.

특히, 원/달러화 환율의 경우 복수통화바스켓 환율제도 기간에서는 구매력평가가 성립하지 않지만, 시장평균 환율제도 기간에서는 구매력평가가 성립하는 것으로 나타났다. 복수통화바스켓 환율제도 기간에서 구매력평가가 성립하지 않는 원인은 가격의 경직성, 환율과 가격의 조정속도 차이 등에서 찾을 수 있을 것이다. 그러나 무엇보다 이러한 결과가 초래된 원인은 복수통화바스켓 환율제도 기간에서 외환통제를 비롯한 통화당국의 원/달러화 환율결정에 대한 과도한 개입에서 찾을 수 있을 것이다. 즉, 복수통화바스켓 환율제도하에서는 원/달러화 환율이 국내경제의 기초적 여건을 제대로 반영하지 못하고 자의적으로 결정되었다고 판단할 수 있다.58)

또한 복수통화바스켓 환율제도 기간에서 원/달러화 환율과 대미무역수지 간에 공적분관계가 존재한다는 결과를 고려하면, 원/달러화 환율정책이 구매력평가 위주로 이루어졌기보다는 대미무역수지 위주로 결정되었다고 판단할 수 있다. 반면에 시장평균 환율제도 기간에서는 제한적이지만 원/달러화 환율이 외환시장에서 외환의 수급에 의해 결정됨으로써 환율의 시장경제 메커니즘의 매개변수 기능이 다소나마 제고되었다고 판단할 수 있다.

그리고 원/엔화 환율의 경우 전체 표본 기간에서 구매력평

---

58) 복수통화바스켓 환율제도하에서 원/달러화 환율의 구매력평가가 성립하지 않는 원인을 김종식(1990)은 외환의 통제에서, 박원암(1991)은 화폐적 · 실물적 요인에서, 김정식(1992)은 통화당국의 과도한 환율결정에의 개입 및 각종 교란에서 찾고 있다. 그리고 박대근(1993)[분석 기간: 1980. 3-1992. 10]은 가격의 경직성 및 항구적인 실물적 교란에서 그 원인을 찾고 있다.

가가 성립하는 것은 원/엔화 환율이 재정 환율로 결정됨에 따라 원/엔화 환율결정에 대한 정부의 개입여시가 원/달러화 환율에 비하여 상대적으로 작았다는 점에서 그 원인을 찾을 수 있을 것이다.

이상의 원/달러화 환율과 개별 거시경제변수, 그리고 원/엔화 환율과 개별 거시경제변수 간의 공적분 검정결과로부터, 복수통화바스켓 환율제도에서 시장평균 환율제도로의 이행이 원화 환율 특히, 원/달러화 환율과 거시경제변수 사이의 장기적 균형관계에 영향을 주었다고 판단할 수 있다.

2) 환율결정 모형

환율과 개별 거시경제변수 간의 직접적인 장기균형관계뿐만 아니라 환율과 환율결정 모형에 포함된 거시경제변수들 간의 상호작용을 통한 직·간접적인 안정적 장기균형관계가 존재하는가를 분석하기 위해 환율결정 모형 (4-1)식, (4-2)식, 그리고 (4-4)식에 대한 공적분 검정을 수행한다.

본 장 제1절에서 설정한 환율결정 모형을 다시 쓰면 다음과 같다.

$$s = a_0 + a_1(m-m^*) + a_2(y-y^*) + a_3(i-i^*) + u$$
$$(4\text{-}1)$$

$$s = a_0 + a_1(m-m^*) + a_2(y-y^*)$$
$$+ a_3(i-i^*) + a_4(\pi-\pi^*) + u \qquad (4\text{-}2)$$

$$s = a_0 + a_1(m - m^*) + a_2(y - y^*)$$
$$+ a_3(i - i^*) + a_4(\pi - \pi^*) + a_5(ca) + u \quad (4\text{-}4)$$

(4-1)식은 환율이 양국의 통화량격차, 실질소득격차 및 이자율격차에 의해, 그리고 (4-2)식은 환율이 양국의 통화량격차, 실질소득격차, 이자율격차뿐만 아니라 인플레이션율격차에 의해 결정된다는 것을 의미한다. 그리고 (4-4)식은 환율이 양국의 통화량격차, 실질소득격차, 이자율격차 및 인플레이션율격차, 그리고 상대국에 대한 무역수지에 의해 결정된다는 것을 의미한다.

원/달러화 환율과 원/엔화 환율의 결정방정식에 대한 ADF 공적분 검정결과는 각각 <표 4-10>, <표 4-11>과 같다.

<표 4-10> 원/달러화의 환율결정 모형에 대한 ADF 공적분 검정결과[59]

구 분 모 형	1980:03-1997:10		1980:03-1990:02		1990:03-1997:10	
	a+	a+βT++	a	a+βT	a	a+βT
(4-1)식	-1.720{5}	-1.998{8}	-1.691{7}	-1.991{7}	-1.822{1}	-5.039{0}***
(4-2)식	-1.725{5}	-1.775{4}	-2.090{7}	-2.099{7}	-1.722{1}	-5.056{0}**
(4-4)식	-2.626{2}	-3.559{1}	-2.427{7}	-2.457{7}	-1.722{1}	-5.151{0}**

주 1) *: $p<0.1$, **: $p<0.05$, ***: $p<0.01$을 의미한다.
　　2) +: 상수항만 고려한 경우, ++: 상수항과 추세를 모두 고려한 경우이다.
　　3) { }안의 수치는 시차 차분항의 차수를 나타낸다.

---

59) Engle and Yoo(1987)에 의하면 변수(N)의 수에 따라 1%, 5%, 10% 유의수준의 임계치는 다음과 같다. N=6인 경우는 N=5

    <표 4-10>의 원/달러화 환율의 결정방정식에 대한 ADF 공적분 검정결과는 전체 표본 기간과 복수통화바스켓 환율제도 기간에서 (4-1)식, (4-2)식, 그리고 (4-4)식 등 모든 환율 결정방정식에 대하여 추세포함 여부에 관계없이 공적분관계가 존재하지 않는 것으로 나타났다.

    그러나 시장평균 환율제도 기간에서는 상수항과 추세를 함께 고려하는 경우에 환율결정방정식 (4-1)식은 1%의 유의수준에서, 그리고 (4-2)식과 (4-4)식은 각각 5%의 유의수준에서 공적분이 존재하지 않는다는 귀무가설이 기각되는 것으로 나타났다.[60)]

까지의 결과로부터 유도하였다.

구 분 표본수	N=3			N=4			N=5			N=6		
	1%	5%	10%	1%	5%	10%	1%	5%	10%	1%	5%	10%
n=92	-4.25	-3.64	-3.32	-4.61	-4.02	-3.71	-4.95	-4.34	-4.04	-5.31	-4.62	-4.33
n=120	-4.24	-3.64	-3.34	-4.63	-4.04	-3.73	-4.98	-4.37	-4.08	-5.34	-4.65	-4.37
n=212	-4.34	-3.78	-3.51	-4.72	-4.13	-3.83	-4.97	-4.43	-4.14	-5.32	-4.71	-4.45

또한 시차 차분항의 차수가 0인 경우 ADF 검정결과는 DF 검정결과와 동일하게 되는데, DF 공적분 검정 통계량의 1%, 5%, 10% 유의수준의 임계치는 다음과 같다.

구분 표본수	N=3			N=4			N=5			N=6		
	1%	5%	10%	1%	5%	10%	1%	5%	10%	1%	5%	10%
n=92	-4.50	-3.95	-3.61	-4.76	-4.24	-3.91	-5.21	4.60	-4.28	-5.61	-4.83	-4.52
n=120	-4.43	-3.90	-3.57	-4.74	-4.22	-3.89	-5.15	-4.56	-4.24	-5.55	-4.79	-4.48
n=212	-4.35	-3.78	-3.47	-4.70	-4.18	-3.89	-5.02	-4.48	-4.18	-5.35	-4.77	-4.42

60) DF 검정결과는 전체 표본 기간과 복수통화바스켓 환율제도에서는 추세포함 여부에 관계없이 (4-4)식에서만 공적분관계가 존재하는 것으로 나타났다. 그러나 시장평균 환율제도 기간에서는 상수항과 추세를 모두 고려하는 경우 (4-1)식, (4-2)식, 그리고 (4-4)식 모두에서 공적분관계가 존재하는 것으로 나타났다. 이러

이상의 원/달러화 환율결정 모형에 대한 ADF 공적분 검정
결과로부터 복수통화바스켓 환율제도 기간에서는 공적분관계
가 성립하는 환율결정 모형이 존재하지 않으나 시장평균 환
율제도 기간에서는 모든 환율결정 모형에 대하여 공적분관계
가 성립한다는 것을 알 수 있다. 이것은 복수통화바스켓 환
율제도 기간에 비하여 시장평균 환율제도 기간에서 원/달러
화 환율과 거시경제변수들 간의 장기적 균형관계가 강화되었
다는 것을 의미한다.

또한 복수통화바스켓 환율제도하에서 원/달러화 환율결정
모형에 대하여 공적분관계가 존재하지 않는다는 결과는, 원/
달러화 환율과 개별 거시경제변수 간의 공적분 결과에 대하
여 설명한 것처럼, 복수통화바스켓 환율제도하에서 원/달러화
환율이 국내경제의 기초적 여건(fundamentals)을 제대로 반
영하지 못하고 결정되었다고 판단할 수 있다. 다시 말해서
복수통화바스켓 환율제도하의 원/달러화 환율이 국내외환시
장에서 외환의 수급사정과는 관계없이 국제외환시장에서의
주요 통화시세에 연동되어 결정됨에 따라, 환율이 국내경제
의 기초적 여건을 제대로 반영하지 못하고 결정되는 근본적
인 문제가 존재하였다는 주장을 뒷받침한다.61)

이러한 결과는 복수통화바스켓 환율제도 기간동안의 외환

한 결과로 미루어 볼 때, 원/달러화 환율과 대미무역수지에 밀접
한 장기적 관계가 존재한다고 판단할 수도 있을 것이다.
61) 이효구(1992) 참조. 또한 곽승영과 김승진(1990)도 복수통화바
스켓 환율제도하에서 결정된 원/달러화 환율수준은 외환시장조
건에 의거하여 자율적으로 결정되어지는 변동 환율제도하에서
의 환율수준과 다를 가능성이 높다고 밝히고 있다.

통제를 비롯한 원/달러화 환율결정에 대한 통화당국의 과도
한 개입에서 그 원인을 찾을 수 있을 것이다.

　그리고 시장평균 환율제도하의 모든 원/달러화 환율결정
모형에 대하여 공적분관계가 존재한다는 것은 원/달러화 환
율과 거시경제변수들 사이에 장기적으로 안정적인 균형관계
가 성립한다는 것을 의미한다. 이것은 시장평균 환율제도하
에서 원/달러화 환율이 비록 제한적이지만 국내경제의 기초
적 여건을 반영하여 결정되었다고 설명할 수 있다. 또한 시
장평균 환율제도로의 이행과 아울러 원/달러화 환율결정에
대한 통화당국의 개입감소 및 1990년대 이후부터 추진된 개
방화・자유화의 진전으로 인하여 외환시장의 기능이 제고된
것으로 판단할 수 있다.

<표 4-11> 원/엔화의 환율결정 모형에 대한
ADF 공적분 검정결과

구 분 모 형	1980:03-1997:10		1980:03-1990:02		1990:03-1997:10	
	α	$\alpha+\beta T$	α	$\alpha+\beta T$	α	$\alpha+\beta T$
(4-1)식	-3.669{4}	-3.958{4}*	-4.322{0}**	-4.375{0}**	-3.735{0}	-3.373{4}
(4-2)식	-4.016{4}	-4.169{4}*	-4.539{0}*	-4.553{0}*	-4.505{0}*	-3.372{4}
(4-4)식	-4.342{4}	-4.391{4}	-3.471{4}	-3.593{4}	-4.089{1}	3.894{0}

주 1) *: $p<0.1$, **: $p<0.05$, ***: $p<0.01$을 의미한다.
　 2) +: 상수항만 고려한 경우, ++: 상수항과 추세를 모두 고려한 경우이다.
　 3) { }안의 수치는 시차 차분항의 차수를 나타낸다.

　<표 4-11>의 원/엔화의 환율결정 모형에 대한 ADF 공적

분 검정결과를 살펴보면, 전체 표본 기간에서 상수항과 추세
를 함께 고려하는 경우에 환율결정방정식 (4-1)식과 (4-2)식
이 각각 10%의 유의수준에서 귀무가설이 기각되는 것으로
나타났다.

그리고 복수통화바스켓 환율제도 기간에서는 추세의 포함
여부와 관계없이 (4-1)식은 5%의 유의수준에서, 그리고
(4-2)식은 10%의 유의수준에서 귀무가설이 기각되어 공적분
관계가 존재하는 것으로 나타났다. 또한 시장평균 환율제도
기간에서는 (4-2)식이 상수항만 고려하는 경우에 10%의 유
의수준에서 귀무가설이 기각되는 것으로 나타났다.62)

즉, 복수통화바스켓 환율제도 기간에서는 환율결정방정식
(4-1)식과 (4-2)식에서 추세포함 여부에 관계없이 공적분관
계가 성립하는 반면에, 시장평균 환율제도 기간에서는 상수
항만 고려하는 경우에 (4-2)식에서 공적분관계가 성립하였다.
이것은 원/엔화 환율이 복수통화바스켓 환율제도 기간에 비
하여 시장평균 환율제도 기간에서 거시경제변수와의 장기적
균형관계가 약화되었다고 설명할 수 있다.

---

62) DF 검정결과는 전체 표본 기간에서 추세포함 여부에 관계없이
모든 환율결정방정식에 대하여 귀무가설이 1%의 유의수준에서
기각되었다. 그리고 복수통화바스켓 환율제도 기간에서는 추세
포함 여부에 관계없이 (4-1)식은 5%의 유의수준에서, 그리고
(4-2)식은 10%의 유의수준에서 귀무가설이 기각되었다. 또한
시장평균 환율제도 기간에서는 (4-1)식은 상수항과 추세를 함
께 고려하는 경우에 5%의 유의수준에서 귀무가설이 기각되었
다. (4-2)식과 (4-4)식은 추세포함 여부에 관계없이 각각 10%
의 유의수준과 5%의 유의수준에서 귀무가설이 기각되는 것으
로 나타났다.

환언하면, 원/엔화 환율은 원/달러화 환율과는 달리 복수통화바스켓 환율제도 기간에 비하여 시장평균 환율제도 기간에서 오히려 국내경제의 기초적 여건을 제대로 반영하여 결정되지 못한다는 것을 의미한다. 그리고 이러한 원인은 원/엔화 환율이 복수통화바스켓 환율제도 기간과 시장평균 환율제도 기간에서 재정 환율로 결정된다고 하더라도 복수통화바스켓 환율제도 기간에서는 통화당국이 원/달러화 환율결정 시 제한적이지만 일본과의 경제여건을 고려하여 자의적으로 결정하였던 반면에, 시장평균 환율제도 기간에서는 이러한 개입의 여지가 상대적으로 감소되었기 때문이라고 판단할 수 있다.

이상의 원/달러화 환율과 원/엔화 환율의 결정 모형에 대한 공적분 검정결과를 비교해 살펴보면, 원/달러화 환율은 복수통화바스켓 환율제도 기간에 비하여 시장평균 환율제도 기간에서 거시경제변수와의 공적분관계가 강화된 반면에 원/엔화 환율은 원/달러화 환율과는 달리 복수통화바스켓 환율제도 기간에 비하여 시장평균 환율제도 기간에서 거시경제변수와의 공적분관계가 약화된 것으로 나타났다.

이러한 결과는 복수통화바스켓 환율제도하에서 원/달러화 환율이 외환통제를 비롯한 환율결정에 대한 정부의 과도한 개입 등으로 인해 국내경제의 기초적 여건을 제대로 반영하지 못하고 결정되었다는 주장을 뒷받침한다. 반면에 시장평균 환율제도 기간에서는 제한적이지만 외환시장에서 외환의 수급을 반영하여 결정되도록 하는 시장평균 환율제도로의 이행과 아울러 환율결정에 대한 통화당국의 개입감소, 그리고

1990년대 이후부터 추진된 개방화·자유화의 진전에 따라 외환시장의 기능이 다소나마 제고되었다고 설명할 수 있다. 또한 이러한 경향은 앞으로 개방화·자유화가 확대됨에 따라 더욱 강화될 것으로 판단된다.

반면에 원/엔화 환율은 복수통화바스켓 환율제도 기간에서 통화당국의 원/달러화 환율에 대한 자의적 결정을 통하여 국내의 기초적 여건을 부분적이나마 반영되도록 결정되었던 반면에, 시장평균 환율제도하에서는 원/달러화 환율이 국내외환시장에서 결정됨으로써 통화당국의 개입여지가 상대적으로 감소하였기 때문이라고 판단할 수 있다.

그러나 향후 자유변동 환율제도로의 이행과 자본자유화의 진전, 그리고 국내금융시장이 발달하게 되면 원/달러화 환율뿐만 아니라 재정 환율로 결정되는 원/엔화 환율도 국내의 기초적 여건을 제대로 반영하여 결정될 것이다. 그리고 그에 따라 환율과 거시경제변수 간의 장기적 균형관계도 제고될 것으로 판단된다.

이상의 공적분 검정결과를 바탕으로 복수통화바스켓 환율제도에서 시장평균 환율제도로의 이행이 원/달러화 환율뿐만 아니라 재정 환율로 결정되는 원/엔화 환율과 거시경제변수 사이의 장기적 균형관계에 영향을 주었다고 설명할 수 있다. 즉, 환율제도의 변화가 환율의 결정 및 변동에 영향을 주었다고 판단할 수 있다.

지금까지 살펴 본 원화 환율과 개별 거시경제변수, 그리고 환율결정 모형에 대한 공적분 검정결과를 요약하면 <표

4-12>와 같다.

<표 4-12> 환율제도의 변화에 따른 공적분 검정결과 분석

분석 기간	분석대상 변수	분석결과	비 고
1980:03-1997:10	원/달러화 환율과 거시경제변수	공적분관계없음	시장평균 환율제도 기간에서 PPP 성립 시장평균 환율제도 기간에서 공적분관계가 강하게 나타남
	원/달러화 환율결정 모형	공적분관계없음	
1980:03-1990:02	원/달러화 환율과 거시경제변수	대미무역수지와 공적분관계존재	
	원/달러화 환율결정 모형	모든 환율결정 모형에 공적분관계없음	
1990:03-1997:10	원/달러화 환율과 거시경제변수	통화량, 실질소득, 인플레이션율격차와 공적분관계존재	
	원/달러화 환율결정 모형	모든 환율결정 모형에 공적분관계존재	
1980:03-1997:10	원/엔화 환율과 거시경제변수	실질소득, 인플레이션율격차와 공적분관계존재	전체 표본 기간에서 PPP 성립 복수통화바스켓 환율제도 기간에서 공적분관계가 강하게 나타남
	원/엔화 환율결정 모형	(4-1)식과 (4-2)식에 공적분관계존재	
1980:03-1990:02	원/엔화 환율과 거시경제변수	실질소득격차와 공적분관계존재	
	원/엔화 환율결정 모형	(4-1)식과 (4-2)식에 공적분관계존재	
1990:03-1997:10	원/엔화 환율과 거시경제변수	실질소득격차와 공적분관계존재	
	원/엔화 환율결정 모형	(4-2)식에 공적분관계존재	

4. 인과관계 검정결과

앞의 공적분 검정에서는 환율과 개별 거시경제변수의 장기
적 균형관계를 살펴보았다. 그런데 공적분 검정은 환율과 거
시경제변수와의 장기적 균형관계를 조명한 것으로서 환율과
거시경제변수 간의 단기적 인과관계를 파악할 수 없는 한계
를 지니고 있다. 또한 현실적으로 환율이 거시경제변수에 의
해 영향을 받을 뿐만 아니라 영향을 줄 수도 있다. 따라서
여기에서는 환율과 거시경제변수 간에 어떻게 영향을 주고받
는가를 분석하기 위하여 인과관계 검정을 수행한다.

환율 및 환율결정 모형에 포함된 거시경제변수들 간의 인과
관계를 검정하기 위하여 Granger 검정방법을 이용하였다. 그
런데 인과관계 검정의 허구성을 회피하기 위해서는 자료의 안
정성 및 시차구조의 선정이 요구된다. 자료의 안정성과 관련해
서는 앞에서 수행한 단위근 검정결과에 따라 즉, 환율과 환율
결정 모형에 포함된 거시경제변수들이 확률적 추세를 갖는 불
안정적인 시계열이라는 검정결과에 따라, 차분에 의한 안정적
인 자료를 이용하였다. 그리고 Granger 인과관계 검정에서는
Hsiao(1979), Thorton and Batton(1985), Sanders(1988)가 지
적한 것처럼 인과방향이 시차선택에 민감하게 반응하기 때문에[63]
임의적으로 시차를 선정하지 않고 AIC 기준(Akaike Information
Criterion)[64]을 사용하여 최적시차를 결정하였다.[65]

---

63) 정문현(1996)에서 재인용.

64) $AIC(k) = \ln det(\widehat{\Sigma}_k) + \frac{2M^2k}{n}$ 이다. 여기에서 k는 시차, $\widehat{\Sigma}_k$는

환율과 환율결정 모형에 포함된 거시경제변수 간의 인과관계 분석은 전체 표본 기간(1980. 3-1997. 10), 그리고 전체 표본 기간을 다시 복수통화바스켓 환율제도 기간(1980. 3-1990. 2)과 시장평균 환율제도 기간(1990. 3-1997. 10)으로 세분하여 각각 원/달러화 환율과 원/엔화 환율에 대하여 각각 수행하였다.

인과관계 분석은 먼저 환율과 개별 거시경제변수 간의 직접적인 인과관계를 검정하였다. 그리고 개별 거시경제변수들 간의 상호작용을 통하여 직·간접적으로 환율에 영향을 주고받을 수 있으므로 환율결정 모형에 기초한 인과관계 검정을 수행하였다. 그런데 이러한 검정은 환율과 거시경제변수들 간의 인과관계만을 분석함으로써 거시경제변수 간의 인과관계를 감안하여 종합적으로 고찰할 수 없다는 한계를 지니고 있다. 따라서 거시경제변수들 간의 인과관계가 포함된 분석도 수행함으로써 환율과 거시경제변수들 간의 인과관계를 종

잔차의 추정된 분산-공분산 행렬, M은 변수의 수, n은 표본의 수이다.

65) 김철환(1995)은 한국의 수출과 성장의 인과관계를 분석하면서 분석에 사용한 자료의 주기가 모두 연간이고 자료기간이 거의 비슷한 데도 불구하고 검정결과가 서로 다른 것은 인과검정이 전제하고 있는 시계열의 안정성과 적절한 시차의 선정을 충분히 검토하지 않은 데 기인한다면서, 기존의 모든 인과검정이 변수의 안정성 검정을 명시적으로 시행하지 않았을 뿐만 아니라 Bahmani-Oskooee,et.al.(1991)을 제외한 모든 연구들이 시차를 임의적으로 선정했다고 밝히고 있다. 또한 인과검정의 두 가지 전제조건을 심도 있게 다루지 못한 기존 연구의 결과에 대한 신뢰성에 상당한 의문이 제기된다고 주장하고 있다.

합적으로 파악하고, 이를 바탕으로 환율이 결정되는 메카니
즘을 규명하고자 한다.

먼저 각 분석 기간에서의 원/달러화 환율과 개별 거시경제
변수 간의 직접적인 인과관계 검정결과는 <표 4-13>, 그리
고 원/달러화 환율결정 모형에 기초한 인과관계 검정결과는
<표 4-14>와 같다.

<표 4-13> 원/달러화 환율과 거시경제변수 간의 인과관계 검정결과

기 간 인과관계	1980:03-1997:10 F-통계량(p값)	1980:03-1990:02 F-통계량(p값)	1990:03-1997:10 F-통계량(p값)
$(m-m^*) \nrightarrow s$	4.368(0.013)**	2.415(0.093)*	3.556(0.062)*
$(m-m^*) \nleftarrow s$	0.553(0.575)	1.508(0.225)	0.140(0.708)
$(y-y^*) \nrightarrow s$	0.360(0.679)	0.707(0.495)	1.882(0.173)
$(y-y^*) \nleftarrow s$	0.821(0.441)	1.843(0.163)	0.273(0.602)
$(i-i^*) \nrightarrow s$	0.008(0.991)	0.075(0.927)	0.007(0.930)
$(i-i^*) \nleftarrow s$	1.659(0.192)	2.199(0.115)	0.328(0.568)
$(\pi-\pi^*) \nrightarrow s$	0.093(0.911)	0.505(0.604)	0.403(0.526)
$(\pi-\pi^*) \nleftarrow s$	2.529(0.082)*	4.231(0.016)**	4.022(0.047)**
$ca \nrightarrow s$	0.482(0.618)	0.971(0.381)	0.033(0.855)
$ca \nleftarrow s$	0.370(0.690)	0.329(0.719)	0.192(0.661)

주 1) *: $p<0.1$, **: $p<0.05$, ***: $p<0.01$을 의미한다.
   2) 인과관계 A $\nrightarrow$ B는 A가 B를 인과 하지 않는다는 것을 의미한다.
   3) 변수의 *는 미국을 의미하며, 변수 ca는 우리나라의 대미무역수지
   이다.

<표 4-13>의 원/달러화 환율과 개별 거시경제변수 간의 직접적인 인과관계 검정결과를 살펴보면, 먼저 전체 표본 기간 (1980. 3-1997. 10)에서 통화량격차가 원/달러화 환율을 인과하지 않는다는 귀무가설이 5%의 유의수준에서 기각되었다. 그리고 원/달러화 환율이 인플레이션율격차를 인과 하지 않는다는 귀무가설도 10%의 유의수준에서 기각되는 것으로 나타났다. 따라서 전체 표본 기간에서는 양국 간 통화량격차가 유일하게 원/달러화 환율에 영향을 주는 반면에, 원/달러화 환율은 인플레이션율격차에 영향을 주는 것으로 나타났다.

복수통화바스켓 환율제도 기간(1980. 3-1990. 2), 그리고 시장평균 환율제도 기간(1990. 3-1997. 10)에서는 모두 통화량격차가 원/달러화 환율을 인과 하지 않는다는 귀무가설이 10%의 유의수준에서 기각되었다. 그리고 원/달러화 환율이 인플레이션율격차를 인과 하지 않는다는 귀무가설은 5%의 유의수준에서 기각되는 것으로 나타났다. 따라서 두 환율제도 기간에서도 양국 간 통화량격차가 유일하게 원/달러화 환율에 직접적으로 영향을 주는 반면에, 원/달러화 환율은 인플레이션율격차에 영향을 주는 것으로 나타났다.

이상의 <표 4-13>에 나타난 원/달러화 환율과 개별 거시경제변수 간의 직접적인 인과관계 검정결과로부터 전체 표본 기간, 복수통화바스켓 환율제도 기간, 그리고 시장평균 환율제도 기간 등 모든 분석 기간에서 통화량격차만이 유일하게 원/달러화 환율에 직접적인 영향을 주는 것으로 나타났다.

반면에 원/달러화 환율은 모든 분석 기간에서 인플레이션율격차를 인과 하는 것으로 나타났다. 또한 원/달러화 환율이 인플레이션율격차에 영향을 미치는 일방적인 인과관계만 존재할 뿐[66] 서로 영향을 주고받는 피이드백관계(feedback relation)는 존재하지 않는 것으로 나타났다. 따라서 원/달러화 환율이 모든 분석 기간에서 인플레이션율격차에 일방적으로 영향을 준다는 것을 알 수 있다.

그런데 개별 거시경제변수들은 상호작용을 통하여 직·간접적으로 환율에 영향을 주고받을 수도 있다. 따라서 환율과 거시경제변수들 간의 직접적인 인과관계뿐만 아니라 환율결정 모형에 포함된 거시경제변수들 간의 상호작용을 통한 간접적인 인과관계도 분석하기 위하여 환율결정 모형 (4-1)식, (4-2)식, 그리고 (4-4)식에 기초한 인과관계 검정을 수행하였으며, 그 결과는 <표 4-14>와 같다.

---

66) 환율변동은 수입소비재의 가격변화, 수입자본재나 원자재 등 수입중간재의 가격변화 그리고 국내재화와 외국재화 간의 상대가격 변화에 따른 수요변화를 통하여 물가에 영향을 준다. 김윤철(1994) 참조.

제4장 실증분석 145

<표 4-14> 원/달러화 환율결정 모형에 기초한 인과관계 검정결과

구 분 / 기 간	인과관계	(4-1)식 F-통계량(p값)	(4-2)식 F-통계량(p값)	(4-4)식 F-통계량(p값)
1980:03-1997:10	$(m-m^*)$ ⇸ s	6.901(0.009)***	6.398(0.012)**	6.104(0.014)**
	$(m-m^*)$ ↚ s	0.113(0.736)	0.033(0.256)	0.017(0.894)
	$(y-y^*)$ ⇸ s	0.169(0.681)	0.150(0.698)	0.141(0.707)
	$(y-y^*)$ ↚ s	0.053(0.817)	0.094(0.759)	0.101(0.750)
	$(i-i^*)$ ⇸ s	0.060(0.806)	0.052(0.819)	0.037(0.845)
	$(i-i^*)$ ↚ s	3.138(0.077)*	2.629(0.106)	2.880(0.091)*
	$(\pi-\pi^*)$ ⇸ s		0.343(0.558)	0.339(0.560)
	$(\pi-\pi^*)$ ↚ s		1.107(0.293)	1.386(0.240)
	ca ⇸ s			0.096(0.756)
	ca ↚ s			0.279(0.597)
1980:03-1990:02	$(m-m^*)$ ⇸ s	3.249(0.074)*	2.804(0.096)*	2.751(0.099)*
	$(m-m^*)$ ↚ s	0.105(0.746)	0.072(0.788)	0.050(0.822)
	$(y-y^*)$ ⇸ s	1.214(0.272)	1.211(0.273)	1.352(0.247)
	$(y-y^*)$ ↚ s	0.486(0.487)	0.511(0.476)	0.581(0.447)
	$(i-i^*)$ ⇸ s	0.167(0.683)	0.177(0.674)	0.253(0.615)
	$(i-i^*)$ ↚ s	3.809(0.053)*	3.365(0.069)*	3.655(0.058)*
	$(\pi-\pi^*)$ ⇸ s		0.124(0.725)	0.097(0.755)
	$(\pi-\pi^*)$ ↚ s		0.002(0.961)	0.039(0.842)
	ca ⇸ s			0.464(0.497)
	ca ↚ s			0.671(0.414)
1990:03-1997:10	$(m-m^*)$ ⇸ s	3.966(0.049)**	4.181(0.043)**	3.971(0.049)**
	$(m-m^*)$ ↚ s	0.096(0.756)	0.001(0.966)	0.002(0.960)
	$(y-y^*)$ ⇸ s	2.166(0.144)	1.922(0.169)	1.842(0.178)
	$(y-y^*)$ ↚ s	0.620(0.433)	0.380(0.539)	0.370(0.544)
	$(i-i^*)$ ⇸ s	0.109(0.741)	0.155(0.694)	0.156(0.693)
	$(i-i^*)$ ↚ s	0.725(0.396)	0.642(0.425)	0.683(0.410)
	$(\pi-\pi^*)$ ⇸ s		0.496(0.482)	0.474(0.492)
	$(\pi-\pi^*)$ ↚ s		3.597(0.061)*	3.612(0.060)*
	ca ⇸ s			0.013(0.908)
	ca ↚ s			0.089(0.766)

주 1) *: $p<0.1$, **: $p<0.05$, ***: $p<0.01$을 의미한다.
　　2) 변수의 *는 미국을 의미하며, 변수 ca는 우리나라의 대미무역수지이다.

  <표 4-14>의 원/달러화 환율결정 모형에 기초한 인과관계 검정결과를 살펴보면, 전체 표본 기간(1980. 3-1997. 10)과 복수통화바스켓 환율제도 기간(1980. 3-1990. 2)에서는 모두 통화량격차가 원/달러화 환율을 인과 하지 않는다는 귀무가설이 기각되는 것으로 나타났다. 그리고 원/달러화 환율이 이자율격차를 인과 하지 않는다는 귀무가설도 10%의 유의수준에서 기각되는 것으로 나타났다.

  시장평균 환율제도 기간(1990. 3-1997. 10)에서는 통화량격차가 원/달러화 환율을 인과 하지 않는다는 귀무가설이 5% 유의수준에서 기각되었고, 원/달러화 환율이 인플레이션율격차를 인과 하지 않는다는 귀무가설도 10%의 유의수준에서 기각되는 것으로 나타났다.

  따라서 <표 4-14>의 원/달러화 환율결정 모형에 기초한 인과관계 검정결과를 바탕으로 복수통화바스켓 환율제도 기간과 시장평균 환율제도 기간을 비교하여 살펴보면, 두 환율제도 기간에서 동일하게 통화량격차가 원/달러화 환율을 인과 하지 않는다는 귀무가설이 기각되는 것으로 나타났다. 그러나 복수통화바스켓 환율제도 기간에서는 원/달러화 환율이 이자율격차를 인과 하지 않는다는 귀무가설이 기각된 반면에 시장평균 환율제도 기간에서는 원/달러화 환율이 인플레이션율격차를 인과 하지 않는다는 귀무가설이 기각되는 것으로 나타났다.

  즉, 복수통화바스켓 환율제도 기간에서는 원/달러화 환율이 이자율격차에 영향을 준 반면에 시장평균 환율제도 기간에서는 원/달러화 환율이 인플레이션율격차에 영향을 주는 것으로 나타났다. 따라서 <표 4-14>에 나타난 원/달러화 환율결정 모형에 기초한 인과관계 검정결과로부터 복수통화바스켓 환율제도에서 시장평균 환율제도로의 이행이 원/달러화 환율과 거시경제변수 간의 인과관계에 영향을 주었다고 판단할 수 있다.

지금까지 분석한 <표 4-13>의 원/달러화 환율과 거시경제변수 간의 직접적인 인과관계 검정결과와 <표 4-14>의 원/달러화 환율결정 모형에 기초한 인과관계 검정결과를 종합하여 살펴보면 다음과 같다.

먼저 전체 표본 기간, 복수통화바스켓 환율제도 기간, 그리고 시장평균 환율제도 기간에서 통화량격차만이 유일하게 원/달러화 환율을 인과 하는 것으로 나타났다. 그리고 복수통화바스켓 환율제도 기간에서는 원/달러화 환율이 인플레이션율격차나 이자율격차를 인과 하는 것으로 나타났지만, 시장평균 환율제도 기간에서는 원/달러화 환율이 거시경제변수 가운데 유일하게 인플레이션율격차를 인과 하는 것으로 나타났다.

다음으로 원/엔화 환율과 개별 거시경제변수 간의 직접적인 인과관계 검정결과는 <표 4-15>, 원/엔화 환율결정 모형에 기초한 인과관계 검정결과는 <표 4-16>과 같다.

<표 4-15> 원/엔화 환율과 거시경제변수 간의
인과관계 검정결과

기 간 인과관계	1980:03-1997:10 F-통계량(p값)	1980:03-1990:02 F-통계량(p값)	1990:03-1997:10 F-통계량(p값)
$(m-m^*) \nrightarrow s$	0.934(0.394)	0.787(0.457)	0.356(0.552)
$(m-m^*) \nleftarrow s$	0.051(0.949)	0.527(0.591)	0.223(0.637)
$(y-y^*) \nrightarrow s$	0.945(0.390)	2.839(0.062)*	1.522(0.220)
$(y-y^*) \nleftarrow s$	4.263(0.015)**	2.900(0.059)*	0.027(0.868)
$(i-i^*) \nrightarrow s$	3.674(0.056)*	1.685(0.189)	0.383(0.537)
$(i-i^*) \nleftarrow s$	1.698(0.193)	1.823(0.166)	0.017(0.895)
$(\pi-\pi^*) \nrightarrow s$	1.466(0.233)	0.695(0.501)	1.099(0.297)
$(\pi-\pi^*) \nleftarrow s$	0.769(0.464)	2.050(0.133)	1.963(0.164)
$ca \nrightarrow s$	1.104(0.333)	0.489(0.614)	1.812(0.181)
$ca \nleftarrow s$	0.841(0.432)	0.639(0.529)	0.068(0.794)

주 1) *: $p<0.1$, **: $p<0.05$, ***: $p<0.01$을 의미한다.
　 2) 인과관계 A $\nrightarrow$ B는 A가 B를 인과 하지 않는다는 것을 의미한다.
　 3) 변수의 *는 일본을 의미하며, 변수 ca는 우리나라의 대일무역수지
　　 이다.

먼저 <표 4-15>의 원/엔화 환율과 개별 거시경제변수 간
의 직접적인 인과관계 검정결과를 살펴보면, 전체 표본 기간
(1980. 3-1997. 10)에서 이자율격차가 원/엔화 환율을 인과
하지 않는다는 귀무가설이 10%의 유의수준에서 기각되는 것
으로 나타났다. 그리고 원/엔화 환율이 실질소득격차를 인과
하지 않는다는 귀무가설이 5%의 유의수준에서 기각되는 것
으로 나타났다.

복수통화바스켓 환율제도 기간(1980. 3-1990. 2)에서는 원/엔화 환율이 실질소득격차를 인과 하지 않는다는 귀무가설과 실질소득격차가 원/엔화 환율을 인과 하지 않는다는 귀무가설이 각각 10%의 유의수준에서 기각되는 것으로 나타났다. 즉, 원/엔화 환율과 실질소득격차 사이에 서로 영향을 주고받는 피이드백관계(feedback relation)가 존재하는 것으로 나타났다.

그리고 시장평균 환율제도 기간(1990. 3-1997. 10)에서는 원/엔화 환율과 거시경제변수 사이에 인과관계가 전혀 존재하지 않는 것으로 나타났다.

<표 4-15>에 나타난 원/엔화 환율과 개별 거시경제변수 간의 직접적인 인과관계 검정결과로부터 전체 표본 기간에서는 원/엔화 환율이 실질소득격차에 영향을 줄뿐만 아니라 이자율격차에 의해 영향을 받는다는 것을 알 수 있다. 그리고 복수통화바스켓 환율제도 기간에서는 원/엔화 환율과 실질소득격차 사이에 서로 영향을 주고받는 피이드백관계가 존재한다는 것을 알 수 있다. 그러나 시장평균 환율제도 기간에서는 원/엔화 환율과 거시경제변수 사이에 인과관계가 존재하지 않는 것으로 나타났다.

따라서 복수통화바스켓 환율제도 기간과 시장평균 환율제도 기간에서의 인과관계 검정결과가 서로 상이하게 나타나고 있다는 것을 알 수 있다.

다음으로 <표 4-16>의 원/엔화 환율결정 모형에 기초한 인과관계 검정결과를 살펴보면, 전체 표본 기간(1980. 3-1997.

10)과 복수통화바스켓 환율제도 기간(1980. 3-1990. 2)에서는 원/엔화 환율이 실질소득격차를 인과 하지 않는다는 귀무가설이 10%의 유의수준에서 기각되는 것으로 나타났다. 그리고 이 자율격차가 원/엔화 환율을 인과 하지 않는다는 귀무가설도 10%의 유의수준에서 기각되는 것으로 나타났다.

그러나 시장평균 환율제도 기간(1990. 3-1997. 10)에서는 (4-2)식에서만 원/엔화 환율이 인플레이션율격차를 인과 하지 않는다는 귀무가설이 10%의 유의수준에서만 기각될 뿐 원/엔화 환율과 거시경제변수 사이에 인과관계가 존재하지 않는 것으로 나타났다.

<표 4-16> 원/엔화 환율결정 모형에 기초한 인과관계 검정결과

구 분 기 간	인과관계	(4-1)식 F-통계량(p값)	(4-2)식 F-통계량(p값)	(4-4)식 F-통계량(p값)
1980:03-1997:10	$(m-m^*) \nrightarrow s$	1.412(0.235)	1.319(0.252)	1.020(0.313)
	$(m-m^*) \nleftarrow s$	0.038(0.845)	0.049(0.823)	0.047(0.828)
	$(y-y^*) \nrightarrow s$	0.011(0.914)	0.008(0.927)	0.009(0.922)
	$(y-y^*) \nleftarrow s$	3.402(0.066)*	3.298(0.070)*	3.279(0.071)*
	$(i-i^*) \nrightarrow s$	3.550(0.060)*	3.493(0.063)*	3.429(0.065)*
	$(i-i^*) \nleftarrow s$	1.436(0.232)	1.678(0.196)	1.606(0.206)
	$(\pi-\pi^*) \nrightarrow s$		0.768(0.381)	0.780(0.378)
	$(\pi-\pi^*) \nleftarrow s$		0.322(0.570)	0.236(0.627)
	$ca \nrightarrow s$			0.604(0.437)
	$ca \nleftarrow s$			2.160(0.143)
1980:03-1990:02	$(m-m^*) \nrightarrow s$	0.818(0.367)	0.714(0.399)	0.693(0.406)
	$(m-m^*) \nleftarrow s$	0.226(0.634)	0.228(0.633)	0.235(0.628)
	$(y-y^*) \nrightarrow s$	0.932(0.336)	0.922(0.338)	0.916(0.340)
	$(y-y^*) \nleftarrow s$	3.543(0.062)*	3.361(0.069)*	3.256(0.073)*
	$(i-i^*) \nrightarrow s$	3.026(0.084)*	3.049(0.083)*	3.020(0.084)*
	$(i-i^*) \nleftarrow s$	1.566(0.213)	2.043(0.155)	1.708(0.193)
	$(\pi-\pi^*) \nrightarrow s$		0.213(0.644)	0.211(0.646)
	$(\pi-\pi^*) \nleftarrow s$		1.338(0.249)	0.741(0.391)
	$ca \nrightarrow s$			0.001(0.970)
	$ca \nleftarrow s$			1.311(0.254)
1990:03-1997:10	$(m-m^*) \nrightarrow s$	0.523(0.471)	0.632(0.428)	0.452(0.503)
	$(m-m^*) \nleftarrow s$	0.612(0.435)	0.589(0.444)	0.633(0.428)
	$(y-y^*) \nrightarrow s$	1.801(0.183)	1.617(0.206)	1.641(0.203)
	$(y-y^*) \nleftarrow s$	0.000(0.977)	0.000(0.979)	0.002(0.961)
	$(i-i^*) \nrightarrow s$	0.609(0.437)	0.431(0.513)	0.582(0.447)
	$(i-i^*) \nleftarrow s$	0.074(0.785)	0.074(0.785)	0.054(0.815)
	$(\pi-\pi^*) \nrightarrow s$		0.885(0.349)	0.894(0.347)
	$(\pi-\pi^*) \nleftarrow s$		3.052(0.084)*	2.530(0.115)
	$ca \nrightarrow s$			1.822(0.180)
	$ca \nleftarrow s$			0.006(0.933)

주 1) *: p<0.1, **: p<0.05, ***: p<0.01을 의미한다.
　2) 변수의 *는 a일본을 의미하며, 변수 ca는 우리나라의 대일무역수지이다.

이상의 <표 4-15>에 나타난 원/엔화 환율과 거시경제변수 간의 직접적인 인과관계 검정결과와 <표 4-16>의 환율결정 모형에 기초한 인과관계 검정결과를 종합하여 살펴보면 다음 과 같다.

먼저 전체 표본 기간에서는 이자율격차가 유일하게 원/엔화 환율을 인과 하는 것으로 나타났으며, 원/엔화 환율은 실질소득격차를 인과 하는 것으로 나타났다. 그리고 복수통화바스켓 환율제도에서는 실질소득격차나 이자율격차가 원/엔화 환율을 인과 하는 반면에, 원/엔화 환율은 실질소득격차를 인과 하는 것으로 나타났다.

그러나 시장평균 환율제도 기간에서는 원/엔화 환율에 직접적으로 영향을 주는 개별 거시경제변수는 존재하지 않을 뿐만 아니라 원/엔화 환율이 인과 하는 거시경제변수도 존재하지 않는 것으로 나타났다.

이상의 원/엔화 환율에 대한 인과관계 검정결과로부터 복수통화바스켓 환율제도 기간과 시장평균 환율제도 기간에서의 검정결과가 서로 상이하게 나타난다는 것을 알 수 있다. 따라서 복수통화바스켓 환율제도에서 시장평균 환율제도로의 이행이 원/엔화 환율과 거시경제변수 간의 인과관계에 영향을 주었다고 판단할 수 있다. 즉, 환율제도의 변화가 재정 환율로 결정되는 원/엔화 환율의 행태에도 구조적 변화를 초래하였다고 할 수 있다.

특히, 시장평균 환율제도 기간에서 원/엔화 환율과 거시경제변수 사이에 인과관계가 존재하지 않는 것으로 나타났다.

이러한 결과는 원/엔화 환율이 재정 환율로 결정되는 한계로 인하여 복수통화바스켓 환율제도 기간에 비하여 시장평균 환율제도 기간에서 공적분관계가 현저히 감소한 공적분 검정결과를 뒷받침한다고 할 수 있다.

지금까지 분석한 원/달러화 환율과 원/엔화 환율에 대한 인과관계 검정결과를 비교해 살펴보면, 복수통화바스켓 환율제도 기간에서는 원/달러화 환율이 통화량격차에 의해 영향을 받는 반면에 원/엔화 환율은 실질소득격차나 이자율격차에 의해 영향을 받는 것으로 나타났다. 또한 원/달러화 환율은 인플레이션율격차나 이자율격차에 영향을 주는 반면에 원/엔화 환율은 실질소득격차에 영향을 주는 것으로 나타났다.

그리고 시장평균 환율제도 기간에서는 원/달러화 환율이 통화량격차에 의해 영향을 받는 반면에 인플레이션율격차에 영향을 주는 것으로 나타났다. 그러나 원/엔화 환율은 거시경제변수과의 인과관계가 거의 존재하지 않는 것으로 나타났다.

특히, 원/달러화 환율은 원/엔화 환율과는 달리 모든 분석기간에서 인플레이션격차에 영향을 주는 것으로 나타났다. 이러한 결과는 원/엔화 환율에 비해 원/달러화 환율이 인플레이션율격차에 큰 영향을 준다는 것을 의미하는데, 그 원인은 상대적으로 높은 우리나라의 대미 무역의존도와 대미·대일 무역구조의 차이에서 찾을 수 있을 것이다. 아울러 향후 외환자유화 및 자본자유화의 진전으로 외환시장의 기능이 제고되면, 환율과 인플레이션율이 서로 영향을 주고받는 피드백관계(feedback relation)가 나타날 가능성도 적지 않을 것으로 판단된다.

지금까지의 인과관계 검정에서는 환율과 개별 거시경제변수 간의 직접적인 인과관계, 그리고 거시경제변수들 간의 상호작용을 통한 직·간접적인 인과관계를 분석하였다. 그러나 이러한 인과관계 검정은 환율과 거시경제변수들 간의 인과관계만 분석함으로써, 거시경제변수 상호간의 인과관계를 감안하여 종합적으로 고찰할 수 없는 한계를 지니고 있다.

따라서 환율과 거시경제변수 간의 인과관계뿐만 아니라 환율결정 모형에 포함된 거시경제변수들 상호간의 인과관계도 함께 분석하여 환율과 거시경제변수들 간의 관계를 보다 종합적이고 구체적으로 살펴봄으로써, 환율이 결정되는 메카니즘을 보다 명시적으로 파악할 수 있을 것이다.

그런데 <표 4-14>와 <표 4-16>의 환율결정 모형에 기초한 인과관계 검정결과에서 알 수 있듯이, 환율과 환율결정 모형에 포함된 거시경제변수에 대한 인과관계 검정결과가 3가지 환율결정 모형에서 거의 유사하게 나타났다. 따라서 환율결정 모형 가운데 (4-4)식에 대해서만 상호인과관계 검정을 수행하였다.

원/달러화 환율과 거시경제변수의 상호인과관계 검정결과는 <표 4-17>, 그리고 원/엔화 환율과 거시경제변수의 상호인과관계 검정결과는 <표 4-18>과 같다.

<표 4-17> 원/달러화 환율과 거시경제변수의
상호인과관계 검정결과

기 간 \ 인과관계	1980:03-1997:10 F-통계량(p값)	1980:03-1990:02 F-통계량(p값)	1990:03-1997:10 F-통계량(p값)
$(m-m^*) \nrightarrow s$	6.104(0.014)**	2.751(0.099)*	3.971(0.049)**
$(y-y^*) \nrightarrow s$	0.141(0.707)	1.352(0.247)	1.842(0.178)
$(i-i^*) \nrightarrow s$	0.037(0.845)	0.253(0.615)	0.156(0.693)
$(\pi-\pi^*) \nrightarrow s$	0.339(0.560)	0.097(0.755)	0.474(0.492)
$ca \nrightarrow s$	0.096(0.756)	0.464(0.497)	0.013(0.908)
$s \nrightarrow (m-m^*)$	0.017(0.894)	0.050(0.822)	0.002(0.960)
$(y-y^*) \nrightarrow (m-m^*)$	0.112(0.737)	1.337(0.249)	2.226(0.139)
$(i-i^*) \nrightarrow (m-m^*)$	0.078(0.779)	0.364(0.547)	2.455(0.120)
$(\pi-\pi^*) \nrightarrow (m-m^*)$	2.189(0.140)	0.332(0.565)	6.627(0.011)**
$ca \nrightarrow (m-m^*)$	1.960(0.163)	0.977(0.325)	0.928(0.338)
$s \nrightarrow (y-y^*)$	0.101(0.750)	0.581(0.447)	0.370(0.544)
$(m-m^*) \nrightarrow (y-y^*)$	0.602(0.438)	1.541(0.216)	1.426(0.235)
$(i-i^*) \nrightarrow (y-y^*)$	4.870(0.028)**	3.118(0.080)*	2.866(0.094)*
$(\pi-\pi^*) \nrightarrow (y-y^*)$	0.545(0.460)	0.043(0.834)	2.112(0.149)
$ca \nrightarrow (y-y^*)$	0.125(0.723)	1.175(0.280)	2.023(0.158)
$s \nrightarrow (i-i^*)$	2.880(0.091)*	3.655(0.058)*	0.683(0.410)
$(m-m^*) \nrightarrow (i-i^*)$	0.342(0.558)	0.052(0.819)	0.053(0.818)
$(y-y^*) \nrightarrow (i-i^*)$	1.417(0.235)	2.359(0.127)	2.353(0.128)
$(\pi-\pi^*) \nrightarrow (i-i^*)$	2.027(0.156)	2.200(0.140)	0.274(0.601)
$ca \nrightarrow (i-i^*)$	3.451(0.064)*	2.386(0.125)	3.251(0.074)*
$s \nrightarrow (\pi-\pi^*)$	1.386(0.240)	0.039(0.842)	3.612(0.060)*
$(m-m^*) \nrightarrow (\pi-\pi^*)$	0.925(0.337)	2.279(0.133)	0.017(0.895)
$(y-y^*) \nrightarrow (\pi-\pi^*)$	0.551(0.485)	0.001(0.967)	0.589(0.444)
$(i-i^*) \nrightarrow (\pi-\pi^*)$	5.947(0.015)**	6.034(0.015)**	0.952(0.331)
$ca \nrightarrow (\pi-\pi^*)$	8.687(0.003)***	11.310(0.001)***	0.738(0.392)
$s \nrightarrow ca$	0.279(0.597)	0.671(0.414)	0.089(0.766)**
$(m-m^*) \nrightarrow ca$	0.534(0.465)	0.590(0.444)	10.317(0.001)***
$(y-y^*) \nrightarrow ca$	1.369(0.243)	3.841(0.052)*	0.434(0.511)
$(i-i^*) \nrightarrow ca$	3.274(0.071)*	2.502(0.116)	2.477(0.119)
$(\pi-\pi^*) \nrightarrow ca$	5.726(0.017)**	4.766(0.031)**	0.458(0.500)

주) *: p<0.1, **: p<0.05, ***: p<0.01을 의미하며, 변수의 *는 미국을 나타낸다.

<표 4-18> 원/엔화 환율과 거시경제변수의 상호인과관계 검정결과

기 간 인과관계	1980:03-1997:10 F-통계량(p값)	1980:03-1990:02 F-통계량(p값)	1990:03-1997:10 F-통계량(p값)
$(m-m^*) \nrightarrow s$	1.020(0.313)	0.693(0.406)	0.452(0.503)
$(y-y^*) \nrightarrow s$	0.009(0.922)	0.916(0.340)	1.641(0.203)
$(i-i^*) \nrightarrow s$	3.429(0.065)*	3.020(0.084)*	0.582(0.447)
$(\pi-\pi^*) \nrightarrow s$	0.780(0.378)	0.211(0.646)	0.894(0.347)
$ca \nrightarrow s$	0.604(0.437)	0.001(0.970)	1.822(0.180)
$s \nrightarrow (m-m^*)$	0.047(0.828)	0.235(0.628)	0.633(0.428)
$(y-y^*) \nrightarrow (m-m^*)$	1.739(0.188)	3.854(0.052)*	0.046(0.829)
$(i-i^*) \nrightarrow (m-m^*)$	0.003(0.955)	2.317(0.130)	2.965(0.088)*
$(\pi-\pi^*) \nrightarrow (m-m^*)$	1.036(0.309)	0.010(0.917)	2.908(0.091)*
$ca \nrightarrow (m-m^*)$	0.053(0.818)	0.013(0.906)	0.177(0.674)
$s \nrightarrow (y-y^*)$	3.279(0.071)*	3.256(0.073)*	0.002(0.961)
$(m-m^*) \nrightarrow (y-y^*)$	0.292(0.589)	0.391(0.532)	0.049(0.824)
$(i-i^*) \nrightarrow (y-y^*)$	1.673(0.197)	1.190(0.277)	0.583(0.447)
$(\pi-\pi^*) \nrightarrow (y-y^*)$	1.049(0.306)	1.144(0.287)	0.023(0.878)
$ca \nrightarrow (y-y^*)$	0.000(0.977)	0.025(0.873)	0.078(0.780)
$s \nrightarrow (i-i^*)$	1.606(0.206)	1.708(0.193)	0.054(0.815)
$(m-m^*) \nrightarrow (i-i^*)$	0.643(0.423)	0.576(0.449)	0.039(0.843)
$(y-y^*) \nrightarrow (i-i^*)$	0.000(0.995)	0.137(0.711)	0.495(0.483)
$(\pi-\pi^*) \nrightarrow (i-i^*)$	8.101(0.004)***	9.026(0.003)***	0.012(0.915)
$ca \nrightarrow (i-i^*)$	1.849(0.175)	1.951(0.165)	0.215(0.644)
$s \nrightarrow (\pi-\pi^*)$	0.236(0.627)	0.741(0.391)	2.530(0.115)
$(m-m^*) \nrightarrow (\pi-\pi^*)$	0.185(0.667)	0.072(0.788)	2.385(0.126)
$(y-y^*) \nrightarrow (\pi-\pi^*)$	0.302(0.582)	0.021(0.884)	2.717(0.102)
$(i-i^*) \nrightarrow (\pi-\pi^*)$	7.722(0.005)***	7.489(0.007)***	0.034(0.852)
$ca \nrightarrow (\pi-\pi^*)$	27.296(0.000)***	18.185(0.000)***	6.268(0.014)**
$s \nrightarrow ca$	2.160(0.143)	1.311(0.254)	0.006(0.933)
$(m-m^*) \nrightarrow ca$	8.191(0.004)***	6.609(0.011)**	1.217(0.272)
$(y-y^*) \nrightarrow ca$	1.367(0.243)	4.162(0.043)**	1.899(0.171)
$(i-i^*) \nrightarrow ca$	0.974(0.324)	0.647(0.422)	0.013(0.908)
$(\pi-\pi^*) \nrightarrow ca$	0.972(0.325)	1.314(0.254)	0.354(0.553)

주) *: p<0.1, **: p<0.05, ***: p<0.01을 의미하며, 변수의 *는 일본을 나타낸다.

그런데 환율과 거시경제변수 간의 상호인과관계를 서술적
으로 설명하는 데는 한계가 있이 그림으로 설명하였다. 또한
그림은 환율제도의 변화에 따른 차이점을 비교·분석하기 위
하여 복수통화바스켓 환율제도 기간과 시장평균 환율제도 기
간에서의 환율과 거시경제변수 간의 관계에 대해서만 도시하
였다.

먼저 <표 4-17>의 원/달러화 환율과 거시경제변수의 상호
인과관계 분석결과에 따른 복수통화바스켓 환율제도 기간과
시장평균 환율제도 기간에서의 원/달러화 환율과 거시경제변
수 간의 관계를 그림으로 나타내면 각각 <그림 4-1>과 <그
림 4-2>과 같다.

복수통화바스켓 환율제도 기간과 시장평균 환율제도 기간
에서의 원/달러화 환율과 거시경제변수 간의 관계를 비교하
여 살펴보면, 먼저 두 환율제도 기간에서 통화량격차만이 유
일하게 원/달러화 환율을 인과 하는 것으로 나타났다.

원/달러화 환율과 대미무역수지 사이의 관계를 살펴보면,
복수통화바스켓 환율제도하에서는 원/달러화 환율이 대미무
역수지에 직접적인 영향을 주지는 않지만 원/달러화 환율이
이자율격차 → 실질소득격차 → 대미무역수지의 경로와 이자
율격차 → 인플레이션율격차 → 대미무역수지의 경로를 통해
간접적으로 영향을 준다는 것을 알 수 있다. 그러나 시장평
균 환율제도하에서는 원/달러화 환율이 대미무역수지에 직접
적으로 영향을 줄 뿐만 아니라 인플레이션율격차 → 통화량
격차 → 대미무역수지의 경로를 통하여 간접적으로도 영향을

주는 것으로 나타났다.

원/달러화 환율과 인플레이션율격차 사이의 관계를 살펴보면 복수통화바스켓 환율제도하에서는 원/달러화 환율이 인플레이션율격차에 직접적으로 영향을 주지 못하였다. 그러나 원/달러화 환율이 이자율격차 → 인플레이션율격차, 그리고 이자율격차 → 실질소득격차 → 대미무역수지 → 인플레이션율격차의 경로를 통해서 간접적으로 영향을 준 것으로 나타났다. 그러나 시장평균 환율제도하에서는 원/달러화 환율이 간접적인 경로를 통해 인플레이션율격차에 주는 관계는 존재하지 않지만 인플레이션율격차에 직접적으로 영향을 준 것으로 나타났다.

그리고 원/달러화 환율과 이자율격차 사이의 관계를 살펴보면, 복수통화바스켓 환율제도 기간에서는 원/달러화 환율이 이자율격차에 직접적인 영향을 주는 것으로 나타났다. 그러나 시장평균 환율제도하에서 원/달러화 환율이 이자율격차에 직접적으로는 영향을 주지 못하지만, 대미무역수지 → 이자율격차의 경로를 통해, 그리고 인플레이션율격차 → 통화량격차 → 대미무역수지 → 이자율격차의 경로를 통해 간접적인 영향을 주는 것으로 나타났다.

<그림 4-1> 원/달러화 환율과 거시경제변수 간의 관계
(1980:03- 1990:02)

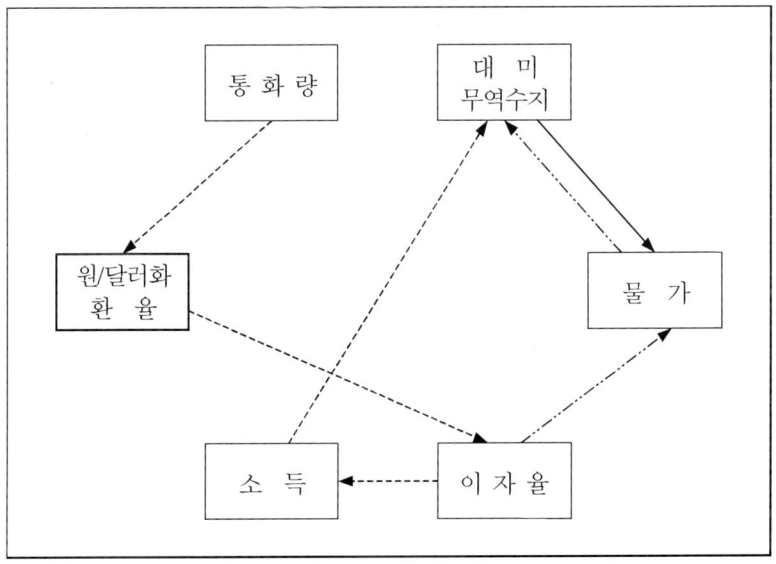

주) ──▶ , ─··─▶ , ----▶ 은 각각 1%, 5%, 10%의 유의수준에서 귀
무가설을 기각하여 통계적으로 인과관계가 존재한다는 영향의
정도를 나타낸다.

<그림 4-2> 원/달러화 환율과 거시경제변수 간의 관계
(1990:03-1997:10)

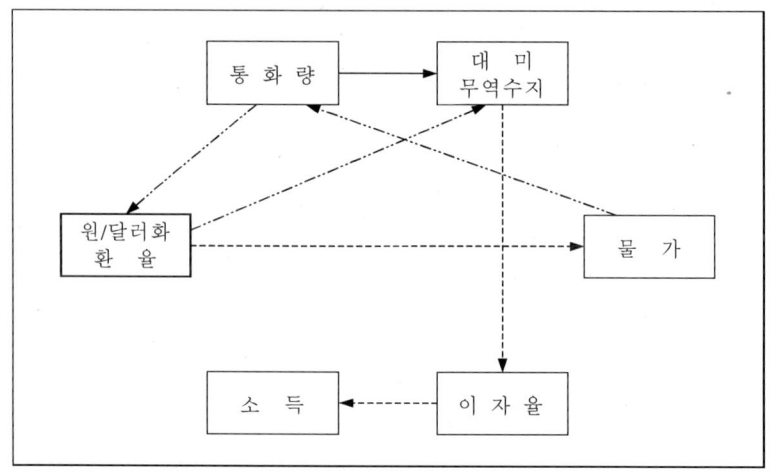

그리고 복수통화바스켓 환율제도하에서는 원/달러화 환율
이 실질소득격차에 직접적인 영향을 주지 못하지만, 이자율
격차 → 실질소득격차의 경로를 통해 간접적인 영향을 주는
것으로 나타났다. 시장평균 환율제도하에서는 원/달러화 환
율이 실질소득격차에 직접적인 영향을 주지 못하지만, 대미
무역수지 → 이자율격차 → 실질소득격차의 경로와 인플레이
션율격차 → 통화량격차 → 대미무역수지 → 이자율격차 →
실질소득격차의 경로를 통해서 간접적인 영향을 주는 것으로
나타났다.

이러한 결과로부터 복수통화바스켓 환율제도 기간에 비하
여 시장평균 환율제도 기간에서 원/달러화 환율과 거시경제변
수 간의 직·간접적인 인과관계뿐만 아니라 거시경제변수 간

의 인과관계의 정도가 한층 강화된 것으로 판단할 수 있다.

다음으로 <표 4-18>의 원/엔화 환율과 거시경제변수의 상호관계 분석결과에 따른 복수통화바스켓 환율제도 기간과 시장평균 환율제도 기간에서의 원/엔화 환율과 거시경제변수 간의 관계는 각각 <그림 4-3>, <그림 4-4>과 같다.

복수통화바스켓 환율제도 기간과 시장평균 환율제도 기간에서 원/엔화 환율과 거시경제변수 간의 관계를 비교하여 살펴보면 다음과 같다.

먼저 복수통화바스켓 환율제도 기간에서는 원/엔화 환율과 통화량격차 사이에 직접적인 인과관계는 존재하지 않지만 원/엔화 환율이 실질소득격차 → 통화량격차의 경로를 통해 간접적인 영향을 준 것으로 나타났다.

원/엔화 환율과 대일무역수지 사이의 관계를 살펴보면, 원/엔화 환율이 대일무역수지에 직접적인 영향을 주지는 못하였다. 그러나 원/엔화 환율은 실질소득격차 → 대일무역수지, 그리고 실질소득격차 → 통화량격차 → 대일무역수지의 경로를 통해서 간접적으로 영향을 준 것으로 나타났다.

원/엔화 환율과 인플레이션율격차 사이의 관계를 살펴보면 원/엔화 환율이인플레이션율격차에 직접적으로 영향을 주지 못하였다. 그러나 원/엔화 환율은 실질소득격차 → 대일무역수지 → 인플레이션율격차의 경로뿐만 아니라 실질소득격차 → 통화량격차 → 대일무역수지 → 인플레이션율격차의 경로를 통하여 간접적인 영향을 주는 것으로 나타났다.

<그림 4-3> 원/엔화 환율과 거시경제변수 간의 관계
(1980:03-1990:02)

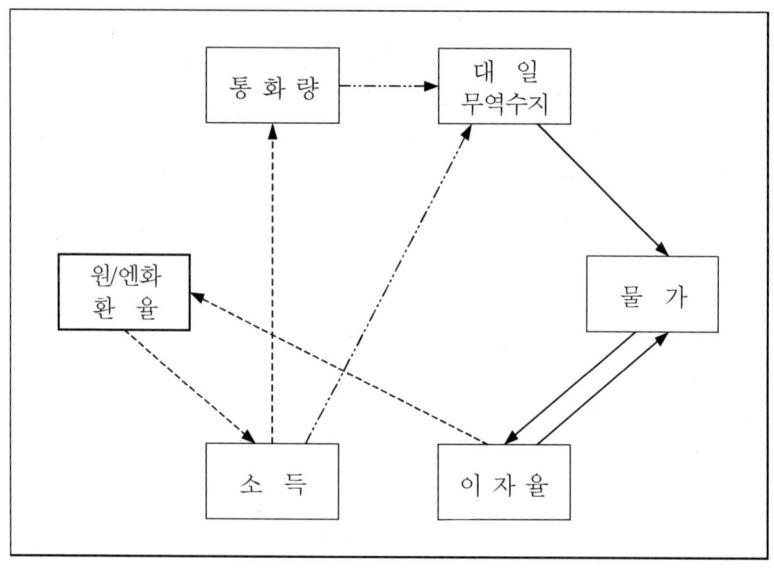

주) ──▶, ···▶, ----▶은 각각 1%, 5%, 10%의 유의수준에서 귀무가
설을 기각하여 통계적으로 인과관계가 존재한다는 영향의 정도를
나타낸다.

<그림 4-4> 원/엔화 환율과 거시경제변수간의 관계
(1990:03-1997:10)

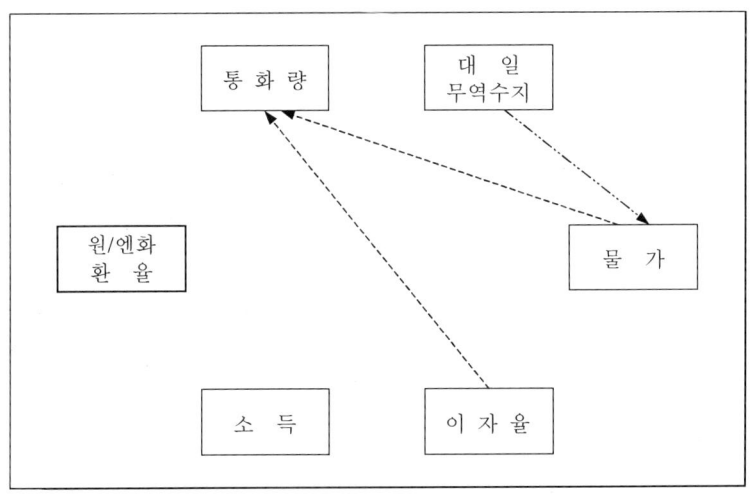

그리고 원/엔화 환율과 이자율격차 사이의 관계를 살펴보면, 원/엔화 환율이 이자율격차에 의해 직접적으로 영향을 받는 것으로 나타났다. 또한 원/엔화 환율이 이자율격차에 직접적으로는 영향을 주지 못하지만, 실질소득격차 → 대일무역수지 → 인플레이션율격차 → 이자율격차의 경로뿐만 아니라 실질소득격차 → 통화량격차 → 대일무역수지 → 인플레이션율격차 → 이자율격차의 경로를 통해 간접적인 영향을 주는 것으로 나타났다.

또한 복수통화바스켓 환율제도 기간에서는 원/엔화 환율이 실질소득격차에 직접적으로 영향을 주는 것으로 나타났다.

이상의 결과로부터 복수통화바스켓 환율제도 기간에서는 원/엔화 환율과 거시경제변수 사이에 직·간접적인 인과관계

164

가 존재한다는 것을 알 수 있다. 그러나 시장평균 환율제도 기간에서는 원/엔화 환율과 거시경제변수 사이에 어떠한 인과관계가 존재하지 않는 것으로 나타났다.

　이러한 결과가 초래된 원인은 원/엔화 환율이 재정 환율로 결정된다는 점에서 찾을 수 있을 것이다. 즉, 복수통화바스켓 환율제도 기간에서는 원/달러화 환율결정 시 원/엔화 환율이 부분적으로나마 국내의 기초적 여건을 반영하도록 결정되었던 반면에, 시장평균 환율제도하에서는 원/달러화 환율이 제한적이나마 외환의 수급에 의해 국내외환시장에서 결정됨으로써 복수통화바스켓 환율제도 기간에서와 같은 통화당국의 개입여지가 상대적으로 감소하였기 때문이라고 판단할 수 있다.

　이와 같은 인과관계 검정결과로부터 복수통화바스켓 환율제도에서 시장평균 환율제도로의 환율제도의 변화가 원/달러화 환율, 그리고 재정 환율로 결정되는 원/엔화 환율과 거시경제변수 간의 인과관계 및 그 연계의 강도에 영향을 주었다는 것을 알 수 있다. 즉, 환율제도의 변화가 환율의 결정 및 변동에 구조적 변화를 초래하였다고 판단할 수 있다.

　지금까지 살펴본 원/달러화 환율과 거시경제변수, 원/엔화 환율과 거시경제변수 그리고 환율결정 모형에 기초한 인과관계 검정결과를 요약하면 <표 4-19>와 같다.

<표 4-19> 환율제도의 변화에 따른 인과관계 검정결과 분석

구 분 기 간	분석대상 환율	분 석 결 과	비 고
1980:03- 1990:02	원/달러화 환율	복수통화바스켓 환율제도 기간과 시장평균 환율제도 기간에서 환율과 거시경제변수 사이에 인과관계가 나타남	시장평균 환율제도 기간에서 환율과 거시경제변수 사이에 인과관계가 강화됨
1990:03- 1997:10			
1980:03- 1990:02	원/엔화 환율	복수통화바스켓 환율제도 기간에서 환율과 거시경제변수 사이에 인과관계가 존재하지만 시장평균 환율제도 기간에서는 환율과 거시경제변수 사이에 인과관계가 전혀 나타나지 않음	시장평균 환율제도 기간에서 환율과 거시경제변수 사이에 인과관계가 전혀 나타나지 않음
1990:03- 1997:10			

제5장 결 론

1980년대 이후 세계적인 추세로 자본자유화가 확산됨에 따라 국내외 금융시장의 결합이 가속화되는 가운데 우리나라도 1990년대 이후 자본자유화를 체계적·본격적으로 추진하게 되었다. 또한 우리나라의 환율제도는 복수통화바스켓 환율제도에서 1990년 3월부터 시장평균 환율제도로 이행되었다.

세계 주요 선진국이 변동 환율제도를 채택한 이후, 활발해진 국가 간의 자본이동과 더불어 환율의 변동성(volatility)이 증가하고 환율과 거시경제변수 간의 상호연계성이 심화되고 있다. 이에 따라 환율이 시장경제 메카니즘의 매개변수로서의 기능뿐만 아니라 환율의 자원배분 기능이 중시됨으로써 환율수준 자체보다는 환율결정 메카니즘에 더 큰 관심이 집중되고 있다.

이에 따라 환율의 변동 및 환율이 결정되는 메카니즘을 명확하게 규명하는 것은 거시경제적 측면뿐만 아니라 미시경제적 측면에서도 매우 중요한 문제로 부각되고 있다. 특히, 환율결정에 대한 올바른 이해는 거시경제의 틀을 분석하는 데 필수 불가결한 요인이 되고 있다.

따라서 본 연구에서는 환율의 결정 및 변동의 원인을 규명하기 위하여 현대적 자산시장 접근방법을 중심으로 환율결정 이론의 체계적 분석을 시도한 후, 복수통화바스켓 환율제도에서 시장평균 환율제도로의 이행에 따른 환율제도의 변화에 초점을 두고 원/달러화 환율과 원/엔화 환율에 대한 실증분석을 수행하였다. 이러한 분석을 통하여 환율의 변동성, 환율과 거시경제변수의 안정성, 환율과 거시경제변수의 장기적 균형관계, 그리고 환율과 거시경제변수 간의 인과관계를 밝힘으로써 환율과 거시경제변수 간의 상호연계성 및 환율이 결정되는 메카니즘을 명시적으로 파악하여, 환율결정에 대한 정보와 바람직한 환율운용의 정책적 시사점을 제시하고자 하였다.

이와 관련된 이 책의 실증분석결과는 다음과 같다.

첫째, 모든 분석 기간에서 원/달러화 환율의 변동성보다 원/엔화 환율의 변동성이 상대적으로 크게 나타났다. 그리고 원/달러화 환율과 원/엔화 환율은 모두 복수통화바스켓 환율제도에서 시장평균 환율제도로 이행함에 따라 변동성이 감소하여 보다 안정적인 것으로 나타났다. 그러나 시장평균 환율제도하에서 환율의 일일변동 허용폭이 확대됨에 따라 원/달러화 환율의 변동성은 크게 증가한 반면에 원/엔화 환율의 변동성은 오히려 크게 감소한 것으로 나타났다. 따라서 환율의 일일변동 허용폭이 완전히 철폐된 이후에는 원/달러화 환율의 변동성이 더욱 커질 가능성도 배제할 수 없다고 판단된다. 특히, 원/엔화 환율은 재정 환율로 결정됨에 따라 원/엔화 환율의 변동성은 엔/달러화 환율의 변동 추이에 큰 영향을 받는 것으로 나타났다.

둘째, 단위근 검정에서는 원/달러화 환율과 원/엔화 환율이 모두 확률적 추세를 갖는 불안정적인 시계열임이 밝혀졌다. 그리고 우리나라와 상대국 간의 이자율격차를 제외한 통화량격차, 실질소득격차, 인플레이션율격차, 그리고 무역수지 등 환율결정 모형에 포함된 거시경제변수들도 환율과 마찬가지로 확률적 추세를 갖는 불안정적인 시계열임이 밝혀졌다.

셋째, 공적분 검정에서는 원/달러화 환율의 경우 복수통화바스켓 환율제도 기간에서는 대미무역수지와 공적분관계가 성립하는 것으로 나타난 반면에 시장평균 환율제도 기간에서는 통화량격차, 실질소득격차, 그리고 인플레이션율격차 사이에 공적분관계가 성립하는 것으로 나타났다. 반면에 원/엔화 환율의 경우, 전체 표본 기간에서는 실질소득격차 및 인플레이션율격차 사이에 공적분관계가 성립하는 것으로 나타났다. 그리고 복수통화바스켓 환율제도 기간과 시장평균 환율제도 기간에서는 실질소득격차 사이에 공적분관계가 성립하는 것으로 나타났다. 따라서 원/달러화 환율은 시장평균 환율제도 기간에서 구매력평가(PPP)가 성립하는 것으로 나타난 반면에, 원/엔화 환율은 전체 표본 기간에서 구매력평가가 성립하는 것으로 나타났다.

또한 원/달러화 환율의 경우 복수통화바스켓 환율제도 기간에서는 추세포함 여부에 관계없이 모든 환율결정 모형에 대하여 공적분관계가 성립하지 않은 반면에 시장평균 환율제도 기간에서는 모든 환율결정 모형에 대해 상수항과 추세를 함께 고려하는 경우에 공적분관계가 성립하는 것으로 나타났다. 그리고 원/엔화 환율은 복수통화바스켓 환율제도 기간에서 두 환율결정 모형 (4-1)식과 (4-2)식에 대하여 공적분관계가 성립한 반면에 시장평균 환율제도 기간에서는 하나의 환율결정 모형 (4-2)식에 대하여 공적분관계가 성립하는 것으로 나타났다.

넷째, 인과관계 검정에서는 원/달러화 환율이 모든 분석 기간에서 통화량격차에 의하여 영향을 받는 것으로 나타났다. 또한 원/달러화 환율은 복수통화바스켓 환율제도 기간에 비하여 시장평균 환율제도 기간에서 거시경제변수와의 인과관계가 강화된 것으로 나타났다. 그러나 원/엔화 환율은 복수통화바스켓 환율제도 기간에 비하여 시장평균 환율제도 기간에서 거시경제변수와의 인과관계가 현저히 감소한 것으로 나타났다.

이상의 실증분석결과가 갖는 의미와 정책적 시사점을 제시하면 다음과 같다.

첫째, 원/달러화 환율과 원/엔화 환율의 변동성 추이, 환율과 거시경제변수와의 장기적 균형관계, 그리고 환율과 거시경제변수 사이의 인과관계에 대한 모든 실증분석결과가 복수통화바스켓 환율제도 기간과 시장평균 환율제도 기간에서 서로 상이하게 나타났다. 따라서 환율제도의 변화가 원/달러화 환율과 원/엔화 환율의 결정 및 변동에 구조적 변화를 초래하였다고 판단할 수 있다.

둘째, 시장평균 환율제도하에서 환율의 일일변동 허용폭이 확대됨에 따라 원/달러화 환율의 변동성은 크게 증가한 것으로 나타남으로써 환율의 일일변동 허용폭이 완전히 철폐된 이후에는 원/달러화 환율의 변동성이 더욱 커질 가능성도 배제할 수 없다. 따라서 원/달러화 환율의 불안정성이 경제에 미치는 파급효과 분석 및 환율의 안정화를 위한 대책이 요구된다. 그리고 재정 환율로 결정되는 원/엔화 환율은 엔/달러화 환율의 변동 추이에 큰 영향을 받기 때문에 엔/달러화 환율의 변동 추이도 예의 주시하여야 할 것이다.

셋째, 공적분 검정에서 원/달러화 환율은 복수통화바스켓 환율제도 기간에 비하여 시장평균 환율제도 기간에서 공적분관계가 강하게 성립하는 것으로 나타났다. 그리고 인과관계 검정에서 원/달러화 환율은 복수통화바스켓 환율제도 기간에 비하여 시장평균 환율제도 기간에서 거시경제변수와의 인과관계가 강화되었으나 원/달러화 환율이 거시경제변수에 의하여 인과되기보다는 거시경제변수를 인과 하는 것으로 나타났다.

이러한 결과는 시장평균 환율제도 기간에서 원/달러화 환율이 제한적이나마 외환시장에서의 외환의 수급에 의해 결정됨에 따라 환율의 시장경제 메카니즘의 매개변수 기능이 복수통화바스켓 환율제도 기간에 비하여 제고된 것으로 판단할 수 있다. 그러나 원/달러화 환율이 외생적 성격이 강하다는 결과는 환율의 시장경제 메카니즘의 매개변수 기능이 완전하지는 못하다는 것을 의미한다. 따라서 국내금융시장의 육성 등을 통하여 외환시장의 기능을 한층 제고시켜야 할 것으로 판단된다.

넷째, 원/엔화 환율은 복수통화바스켓 환율제도 기간에 비하여 시장평균 환율제도 기간에서 거시경제변수와의 공적분관계가 현저히 감소한 것으로 나타났다. 또한 인과관계 검정 결과에서도 시장평균 환율제도 기간에서 원/엔화 환율과 거시경제변수 사이의 인과관계가 현저히 감소한 것으로 나타났다. 이러한 결과는 원/엔화 환율이 재정 환율로 결정됨에 따라 복수통화바스켓 환율제도 기간에서는 원/달러화 환율을 결정할 때, 원/엔화 환율이 국내의 기초적 여건을 부분적이나마 반영하도록 결정되었으나 시장평균 환율제도하에서는 이와 같은 통화당국의 개입여지가 상대적으로 감소하였기 때문이라고 판단된다. 따라서 우리나라와 일본과의 교역비중을 고려할 때 원/엔화 환율이 국내경제의 기초적 여건을 반영하여 결정될 수 있도록 하는 대책이 모색되어야 할 것이다.

다섯째, 모든 분석 기간에서 통화량격차는 원/달러화 환율을 인과 하는 반면에 원/달러화 환율은 인플레이션율격차를 인과 하는 것으로 나타났다. 즉, 원/달러화 환율은 거시경제변수 가운데 통화량격차에 의하여 영향을 받는 반면에 인플레이션율격차에 영향을 주는 것으로 나타났다. 따라서 환율정책운용 시 이러한 점을 고려하여야 할 것이다.

또한 향후 자본자유화가 진전됨에 따라 환율과 이자율 간의 장기적 균형관계 및 단기적 인과관계가 강하게 나타날 것으로 판단된다. 따라서 이에 따른 환차익을 노린 국제적 투기자본의 유입에 대한 대책 등도 강구되어야 할 것이다.

그러나 본 연구는 위와 같은 의의를 가지고 있음에도 불구하고 다음과 같은 한계점을 가지고 있다.

첫째, 기존의 환율결정이론을 분석하는 데 한정함으로써 우리나라의 환율결정 및 변동을 효과적으로 설명할 수 있는 새로운 환율결정 모형을 정립하지는 못하였다.

둘째, 실증분석을 바탕으로 환율정책의 방향만 제시하였을 뿐 구체적이고 세부적인 환율정책을 제시하지 못하였다. 즉, 외환시장의 자율적 기능을 제고시킬 수 있는 대책, 환율안정화를 위한 대책, 그리고 특히 시장평균 환율제도하에서 재정환율로 결정되는 원/엔화 환율이 국내경제의 기초적 여건을 반영할 수 있도록 하는 환율결정방법 등에 대하여 세부적 분석이 이루어지지 못하였다.

셋째, 환율과 거시경제변수 간의 장기적 균형관계 및 인과관계를 분석하면서 환율과 거시경제변수 간의 부호를 검정하지 않아 보다 엄밀한 분석이 이루어지지 않았다.

넷째, 실증분석 기간이 1997년 외환위기 이전까지 한정되어, 국내경제여건이 급격히 변한 외환위기 이후의 상황에 실증분석결과를 적용하는 데에는 한계가 있을 수도 있다.

따라서 원화 환율의 결정 및 변동을 효과적으로 설명할 수 있는 새로운 환율결정이론의 정립과 환율정책의 운용 방안에 대한 구체적인 분석을 향후 연구과제로 삼고자 한다.

<참고문헌>

1. 국내문헌

곽승영, 김승진(1990), "복수통화바스킷제도하의 대미환율결정 요인분석", 『한국경제연구』 제4권 제2호, 한국경제연구원, pp.185-194.

권상장(1992), "환율결정이론에 관한 고찰", 『경영경제』 제25집 제2호, 계명대학교 산업경영연구소, pp.1-40.

김규한(1994), "자본자유화의 진전과 환율정책", 『경제학연구』 제42집 제1호, 한국경제학회, pp.209-230.

김양우(1992), "Johansen 공적분기법에 의한 시계열분석", 『업무참고자료』, 한국은행금융경제연구소.

김적교, 박대근(1993), "자본시장 개방이 환율변동에 미치는 영향", 『경제연구』 제14권 제1호, 한양대학교 경제연구소, pp.1-38.

김윤철(1994), "환율변동과 인플레이션의 관계 분석", 『조사통계월보』 11월호, 한국은행, pp.21-48.

김인준(1992), "개방경제하의 금융·환율정책", 『금융연구』 6권 별책, 한국금융연구원, pp.3-20.

김정식(1992), "한국 실질 환율의 장기 변동형태 분석 – 고정 및 변동 환율제도하에서의 경험을 중심으로 –", 『산업과 경영』 제29권 제1호, 연세대학교 산업경영연구소, pp.111-122.

김정식, 김진옥(1993), "한국 실질 환율의 결정요인 분석: 명목 환율제도의 중립성 논쟁을 중심으로", 『산업과 경영』 제 30권 제1호, 연세대학교 산업경영연구소, pp.79-92.

김종선(1997), "시장평균 환율제하의 일일변동폭과 원/달러 환율의 변동성 분석", 『경제학연구』 제45집 제4호, 한국경제학회, pp.169-192.

김종선, 이민원(1992), "국내금융시장과 원화환율 간의 관계분석", 『산경연구』 제5권, 광주대학교 산업경영연구소, pp.195-222.

김진옥(1992), "환태평양 지역에서의 구매력평가설에 관한 단위근 및 공적분 검정", 『논문집』 제34집, 제주대학교, pp.431-444.

_____(1993), "명목환율제도와 실질 환율의 변동형태－한국경제를 주축으로－", 『논문집』 제36집, 제주대학교, pp.143-158.

김진옥, 김정식(1995), "명목충격과 한국의 실질 환율 변동", 『연세경제연구』 제2권 제1호, 연세대학교 경제연구소, pp.51-66.

김진옥, 양태석(1993), "한국의 명목환율의 변동행태 분석－1980년대를 중심으로－", 『논문집』 제37집, 제주대학교 pp.301-315.

김진우(1994), "원화의 대외가치와 구매력평가", 『연구논문집』 제8집 제1호, 인하대학교, pp.25-44.

김철환(1995), "한국의 수출과 성장의 인과분석: 재조명", 『경제학연구』 제43집, 제1호, 한국경제학회, pp.65-84.

모수원(1991), "환율결정 모형의 설명력과 예측력에 대한 실증적 분석", 『사회과학연구』 제6집, 목포대학교 사회과학연구소, pp.69-86.

_____(1992), "실질 환율의 동태적 장기안정성에 관한 검증", 『목포대학교논문집』 제13집 1호, 목포대학교, pp.215-248.

_____(1994), "구매력평가의 역사적 고찰", 『목포대학교논문집』 제15집 1호, 목포대학교, pp.385-416.

모수원, 조우길(1993), "환율결정의 화폐적모형에 대한 장기균형분석", 『제32차 학술발표대회논문집』 한국국제경제학회, pp.773-797.

박광우(1995), "환율변동이 대외무역에 미치는 장, 단기 효과분석 - 공적분검정과 ECM 모형을 통한 J-곡선 실증분석", 『'95 상반기 연구논문집』, 포스코경영연구소, pp.833-858.

박대근(1993), "원 - 달러 환율의 장기구매력평가로부터의 이탈에 관한 연구", 『경제연구』 제14권 제2호, 한양대학교 경제연구소, pp.33-46.

_____(1995), "원 - 달러 환율의 장기구매력평가로부터의 이탈에 대한 실증분석", 『국제경제연구』 제1권 제1호, 한국국제경제학회, pp.141-164.

박동순(1995), "무역수지에 대한 환율의 비대칭적 효과", 『국제경제연구』 제1권 제2호, 한국국제경제학회, pp.65-83.

박원암(1991), "우리나라 실질 환율의 결정요인", 『한국개발연구』 제13권 제2호, 한국개발연구원, pp.21-39.

성범용(1993), 『국제금융의 이론과 정책』, 박영사.

손일태(1991), "시장평균 환율제 하에서 환율함수도출과 환율정책방향", 『사회과학연구』 제17집, 경희대학교 사회과학연구원, pp.115-156.

송승주(1992), "우리나라 환율운용에 대한 실증분석과 정책적 시사점", 『조사통계월보』 6월호, 한국은행, pp.10-45.

양준모(1996), "한국의 환율변동에 관한 연구-시장평균 환율제 이후를 중심으로-", 『경제학연구』 제44집 제1호, pp.17-36.

예종홍(1993), "시장평균 환율제도하 은행 간 장내외환시장의 환율 및 거래량 변동추이", 『경상논총』 제15집, 국민대학교 경제연구소, pp.359-388.

오영택(1995), "원/미달러의 환율결정요인에 관한 연구", 『경제논문집』 제9호, 중앙대학교 경제연구소, pp.45-56.

오호일, 박상원(1997), "자본자유화의 진전과 자본수지 구조변화", 『조사통계월보』 12월호, 한국은행, pp.3-22.

원종문, 김희호(1997), "자본이동이 균형실질 환율에 미치는 원인별 효과: 한국의 경우", 『국제경제연구』 제3권 제2호, 한국국제경제학회, pp.231-249.

윤용만(1991), "원화의 구매력평가설에 관한 연구", 『한국경제연구』 제5권 제1호, 한국경제연구원, pp.112-121.

이근영(1997), "원-엔 환율 측정모형에 대한 연구", 『국제경제연구』 제3권 제3호, 한국국제경제학회, pp.109-127.

이영기(1992), "관리변동 환율제도하에서 한국의 환율정책 행태분석", 『동국논총』 제31집, 동국대학교, pp.327-352.

이영식(1996), "구매력평가의 장기균형관계는 성립하는가?", 『국제경제연구』 제2권 제2호, 한국국제경제학회, pp.205-224.

이우리, 김기홍(1994), "환율의 가변성이 우리나라 국제무역에

미치는 효과분석: 유도형의 GARCH-M 모형의 추정",
『경제학연구』 제42집, 제2호, 한국경제학회, pp.97 115.

이종욱(1992a), "총수요, 총공급과 환율결정 모형: 원화 대미달
러화 환율의 실증적 연구", 『금융연구』 제6권 제1호, 한
국금융연구원, pp.39-75.

이종욱(1992b), "환율결정 모형에 관한 실증적 연구－원화의
대미 환율", 『경제논집』 제31권 제2호, 서울대학교 경제
연구소, pp.131-154.

이현재(1997), "원화의 대미 환율결정에 관한 실증분석: 공적
분추정법에 의한 접근", 『국제경제연구』 제3권 제3호,
한국국제경제학회, pp.129-151.

이환호(1989), "우리나라 원화의 적정 환율수준에 관한 검토", 『국
제경제연구』 제10집, 세종대학교 국제경제연구소, pp.30-51.

_____(1994), "원화환율의 적정수준에 관한 검토: 경쟁력 평
가모형을 중심으로", 『경제학연구』 제42집, 제1호, 한국
경제학회, pp.231-258.

_____(1995), "「엔－달러」환율변동이 우리나라 지역별 수출입
에 미치는 효과", 『국제경제연구』 제1권 제2호, 한국국
제경제학회, pp.129-155.

이효구(1990), "환율의 자산시장 접근법", 『서강경제논집』 제
19집, 서강대학교, pp.197-225.

_____(1992), "1980년대 이후 한국의 환율제도와 환율정책", 『서강경
제논집』 제21집, 서강대학교 경제연구소, pp.143-150.

정근존(1995), "한국에서의 장기 구매력평가설의 실증적 검증

-Johansen 공적분방법을 이용하여-", 『사회과학논총』 제14집, 계명대학교 사회과학연구소, pp.303-318.

정문현(1996), "한국의 환율과 물가수준변화 간의 관계에 대한 실증분석", 『경영연구』 제5권, 서원대학교 경영과학연구소, pp.175-195.

조임제(1996), "자산시장접근에 의한 환율결정 모형의 실증분석", 부산대학교 대학원 박사학위논문.

차철호(1992), "구매력평가설의 일반화", 『경제논문집』 제6호, 중앙대학교 경제연구소, pp.135-150.

채선병, 김남영(1993), "금융시장 개방의 추진경위와 향후계획", 『조사통계월보』 10월호, 한국은행, pp.59-83.

최규완(1997), "환율·금리·주가의 상호관련성 분석", 『삼성경제』 제66호, 삼성경제연구소, pp.53-66.

최 인(1997), "한국의 실질 환율은 랜덤워크인가?", 『국제경제연구』 제3권 제2호, 한국국제경제학회, pp.251-263.

최진석(1998), "경상수지적자와 한국경제-경상수지와 환율변동-", 『제4회 전국 대학(원)생 경제논문 현상공모 수상논문집』, 한국감정원, pp. 307-332.

하문식(1990), "환율변동이 경상수지에 미치는 효과가 약한 경우에 대한 연구", 『산경연구』 제7집, 창원대학 산업경제연구소, pp.61-74.

홍성표, 김양우(1993), "인플레이션 불확실성의 분해와 상이한 불확실성이 실물경제에 미치는 영향", 『경제논집』 제32권 제1호, 서울대학교 경제연구소, pp.11-36.

http://www.bok.or.kr/

http://www.nso.go.kr/

2. 외국문헌

Abuaf, N. and P. Jorion(1990), "Purchasing Power Parity in the Long Run", Journal of Finance, Vol. 45, pp.157-174.

Adler, M. and B. Lehmann(1983), "Deviations from Purchasing Power Parity in the Long Run", *Journal of Finance*, Vol. 38, pp.1471-1478.

Ardeni, P. G. and D. Lubian(1991), "Is there Trend Reversion in Purchasing Power Parity?", *European Economic Review*, Vol. 35, pp.1035-1055.

Bahmani-Oskooee, M. and Rhee, Hyun-Jae(1992), "Testing for Long Run Purchasing Power Parity: An Examination of Korean Won", *International Economic Journal*, Vol. 6, pp.93-103.

Branson, W. H., H. Halttunen and P. Masson(1977), "Exchange Rates in the Short Run: The Dollar-Deutschemark Rate", *European Economic Review* 10, pp.303-324.

_____(1979), "Exchange Rates in the Short Run: Some Further Results", *European Economic Review* 12, pp.395-402.

Caporale, T. and K. Doroodian(1995), "Exchange Rate Regimes

and Uncertainty", *Weltwirtschaftliches Archiv*, No.3, pp.569-576.

Corbae, P. D. and S. Ouliaris(1988), "Co-Integration and Tests of Purchasing Power Parity", *Review of Economics and Statistics*, Vol. 70, pp.508-511.

Dornbusch, R.(1976), "Expectations and Exchange Rate Dynamics", *Journal of Political Economy* 84, No.6. December, pp.1161-76.

_____(1984), "Exchange rate Economics: Where Do We Stand?", in J. S. Bhandari and B. H. Putnam, eds., *Economic Interdependence and Flexible Exchange Rates*, MIT Press, pp.45-83.

_____(1988), "Exchange Rate Economics: 1986", In R. Dornbusch, *Exchange Rate and Inflation*, The MIT Press, 1988, pp.236-260

Dornbusch, R. and S. Fischer(1980), "Exchange Rates and the Current Account", *American Economic Review* 70, No.5. December, pp.960-971.

Edward, S.(1982), "Exchange Rates and News: A Multi-Currency Approach", *Journal of International Money and Finance*, 1, December, 1982, pp.221-224.

_____(1983), "Floating Exchange Rates, Expectations and New Information", *Journal of Monetary Economics*, 11, pp.321-336

Engle, R. F. and Yoo, Byung Sam(1987), "Forecasting and Testing in Cointegrated Systems", *Journal of Econometrics*, Vol. 35, pp.143–159.

Engle, R. F. and C. W. J. Granger(1987), "Cointegration and Error Correction: Representation, Estimation, and Testing", *Econometrica*, Vol. 55, pp.251–276.

_____(1987), "Co-Integration and Error Correction: Representation, Estimation, and Testing", *Econometrica*, Vol. 55, pp.251–276.

Finn, M. G.(1986), "Forecasting the Exchange Rate: A Monetary or Random Walk Phenomenon", *Journal of International Money and Finance* 5, June 1986, pp.181–193.

Frankel, J. A.(1979), "On the Mark: A Theory of Floating Exchange Rates Based on Real Interest Differentials", *American Economic Review* 69, No.4. September, pp.610–22.

_____(1983), "Monetary and Portfolio-Balance Models of Exchange Rate Determination", In *Economic Interdependence and Flexible Exchange Rate*, edited by Bhandari, J. S. and Putnam, B. H., The MIT Press, 1983, pp.84–115.

_____(1984), "Test of Monetary and Portfolio Balance Models of Exchange Rate Determination", In *Exchange Rate Theory and Practice*, edited by Bilson, J. F. O. and Marston, R. C., The University of Chicago Press, 1984, pp.239–260.

Frenkel, J. A.(1977), "The Forward Exchange Rate, Expectation, and the Demand for Money: The German Hyperinflation", *American Economic Review* 67, No.4, pp.653-70.

_____(1980), "Exchange Rate, Price and Money: Lessons from the 1920s", *American Economic Review* 70, No.2. May, pp.235-42.

_____(1981), "The Collapse of Purchasing Power Parities during the 1970s", *European Economic Review*, Vol. 16, pp.145-165.

Frenkel, J. A. and C. A. Rodriguez(1975), "Portfolio Equilibrium and the Balance of Payments: A Monetary Approach", *American Economic Review* 65, No.4. September, pp.674-688.

Girton, L. and D. Roper(1977), "A Monetary Model of Exchange Market Pressure Applied to the Postwar Canadian Experience", *American Economic Review* 67, No.4. September, pp.537-48.

Gray, M. and S. Turnovsky(1979), "The Stability of Exchange Rates Dynamics under Perfect Myopic Foresight", *International Economic Review* 20, October, pp.643-60.

Hallwood, C. P. and R. MacDonald(1993), "The Monetary View of Exchange Rate Determination", *International Money & Finance*, Blackwell, pp.155-185.

Hooper, P. and J. E. Morton(1982), "Fluctuations in the

Dollar: A Model of Nominal and Real Exchange Rate Determination", *Journal of International Money and Finance* 1, April 1982, pp.39-56

Johnson, H. G.(1976), "Towards a General Theory of the Balance of Payments", in J. A. Frankel and H. G Johnson, eds., *The Monetary Approach to the Balance of Payments*, University of Toronto Press, Chapter 2, pp.46-63.

Johansen, S. and K. Juselius(1990), "Maximum Likelihood Estimation and Inference on Co-Integration-With Applications to the Demand for Money", *Oxford Bulletin of Economics and Statistics*, Vol. 52, pp.169-210.

_____(1992), "Testing Structual Hypotheses in a Multivariate Cointegration Analysis of the PPP and UIP for UK", *Journal of Econometrics*, Vol. 53, pp.211-244.

Kim, Jong-Shik(1990), "An Empirical Investigation of PPP: Price Levels, Exchange Rates, and Cointegration", 『논문집』 제8집, 한림대학교, pp.227-239.

Liu, P. C.(1992), "Purchasing Power Parity in Latin America: A Co-Integration Analysis", *Weltwirtschaftliches Archiv*, Vol. 4, 662-680

Mark, N. C.(1990), "Real and Nominal Exchange Rates in the Long Run", *Journal of International Economics*, Vol. 28, pp.115-136.

McNown, R. F. and M. S. Wallace(1989), "National Price

Levels, Purchasing Power Parity, and Co-Integration: A Test for High Inflation Economies", *Journal of International Money and Finance*, Vol. 8, 533-545

Nelson, C. R. and C. I. Plosser(1982), "Trends and Random Walks in Macroeconomic Time Series: Some Evidence and Implications", *Journal of Monetary Economics*, Vol. 10, pp.139-162.

Papell, D. H.(1992), "Exchange rate and price dynamics under adaptive and rational expectations: an empirical analysis", *Journal of International Money and Finance*, 11, pp.382-396.

Phillips, P. C. B.(1986), "Understanding Spurious Regessions in Economics", *Journal of Econometrics*, Vol. 33, pp.311-340.

Phillips, P. C. B. and S. Ouliaris(1990), "Asymptotic Properties of Residual Based Tests for Co-Integration", *Econometrica*, Vol. 58, pp.165-193.

Pippenger, M. K.(1993), "Cointegration tests of purchasing power parity: the case of Swiss exchange rates", *Journal of International Money and finance* 12, pp.46-61.

MacDonald, R and M. P. Taylor(1994), "The monetary model of the exchange rate: long-run relationships, short-run dynamics and how to beat a random walk", *Journal of International Money and Finance* 13, pp.276-290.

Serletis, A.(1994), Maximum Likelihood Cointegration Tests of Purchasing Power Parity: Evidence from Seventeen

OECD Countries, *Weltwirtschaftliches Archiv*, Vol. 3, pp.476-493.

Taylor, M. P. and P. C. McMahon(1988), "Long-Run Purchasing Power Parity in the 1920s", *European Economic Review*, pp.179-197.

· 저자 ·

어윤봉　▌약　력
(魚允鳳)　　충남대학교 경상대학 경제학과(경제학사)
　　　　　　충남대학교 대학원 (경제학 석사·박사)

　　　　　　충남대, 한남대, 한밭대, 한국방송통신대 등 시간강사
　　　　　　한국전자통신연구원(ETRI) 선임연구원
　　　　　　정보통신연구진흥원(IITA) 선임연구원

　　　　▌주요논저
　　　　　「정보통신 기술개발의 성과 및 과제」
　　　　　「한국의 IT기술 개발전략 분석」
　　　　　「An Analysis on the IT R&D Investment and Effects in Korea」
　　　　　「정보통신 연구개발 투자 동향 분석」
　　　　　「IT기술무역수지 현황 및 개선방안」
　　　　　『기술기획방법론』
　　　　　『해외 주요국의 기술정책 분석』
　　　　　『해외 주요국의 정보통신기술 및 R&D정책 분석』
　　　　　『정보통신 기술정책 연구』
　　　　　외 다수

◔ 환율결정, 어떻게 이루어지나?

· 초판 인쇄 ｜ 2005년 12월 30일
· 초판 발행 ｜ 2005년 12월 30일

· 지 은 이 ｜ 어윤봉
· 펴 낸 이 ｜ 채종준
· 펴 낸 곳 ｜ 한국학술정보(주)
　　　　　　경기도 파주시 교하읍 문발리 526-2
　　　　　　파주출판문화정보산업단지
　　　　　　전화　031) 908-3181(대표)·팩스　031) 908-3189
　　　　　　홈페이지　http://www.kstudy.com
　　　　　　e-mail(e-Book사업부)　ebook@kstudy.com
· 등　　록 ｜ 제일산-115호(2000. 6. 19)
· 가　　격 ｜ 22,000원

ISBN　89-534-4305-9 93320 (Paper Book)
　　　　89-534-4306-7 98320 (e-Book)